教育部人文社会科学规划基金项目“高新技术产业技术创新的效率测度及其影响因素研究”（项目批准号：11YJC790119）和“辽宁省高等学校优秀人才支持计划项目”（项目批准号：WJQ2013027）的研究成果之一
由大连市学术专著资助出版评审委员会资助出版

A Study on Efficiency of Technological Innovation in Hi-tech Industry

高新技术产业技术创新效率研究

刘 伟/著

科 学 出 版 社
北 京

图书在版编目(CIP)数据

高新技术产业技术创新效率研究 / 刘伟著. —北京：科学出版社，2014.10

ISBN 978-7-03-042182-1

Ⅰ.①高… Ⅱ.①刘… Ⅲ.①高技术产业-技术革新-研究-中国
Ⅳ.①F279.244.4

中国版本图书馆 CIP 数据核字（2014）第 240722 号

责任编辑：牛玲 张翠霞 / 责任校对：桂伟利

责任印制：徐晓晨 / 封面设计：无极书装

编辑部电话：010—64035853

E-mail：houjunlin@mail.sciencep.com

科学出版社出版

北京东黄城根北街 16 号

邮政编码：100717

http://www.sciencep.com

北京凌奇印刷有限责任公司印刷

科学出版社发行 各地新华书店经销

*

2014 年 10 月第 一 版 开本：720×1000 1/16

2020 年 5 月第二次印刷 印张：12 1/4

字数：180 000

定价：68.00 元

（如有印装质量问题，我社负责调换）

前　言

自从 1912 年熊彼特在《经济发展理论》中提出创新理论并将其引入经济学体系以来，创新已成为政府、产业界、企业界及研究者关注的焦点。创新问题从微观层面的技术创新、管理创新、制度创新和知识创新，发展到了宏观层面的国家创新系统。国际竞争的实质是科技水平的竞争，是科学技术转化为现实生产力的竞争，创新能力已经成为世界各国在日趋激烈的国际竞争之中立于不败之地的决定性因素。建立在现代科学技术最新成果基础上的高新技术产业，以市场潜力大、产业关联度高、技术层次高、附加价值高、能源依存度低等优点，带动了各国产业结构的调整和产品技术的升级。同时，也逐渐成为拉动国民经济增长、促进经济增长方式转变的重要力量，在经济发展中占据着越来越重要的地位，成为各国国民经济的支柱产业，其发展状况直接影响到一个国家在世界经济格局中的地位和作用。

20 世纪 80 年代以来，世界主要大国都把发展高新技术产业作为 21 世纪保持强国优势的法宝，美国、日本、韩国及欧盟国家都加快了高新技术产业创新和发展的步伐。众多发展中国家也在积极努力，并采取各种政策措施来鼓励和促进本国高新技术产业的发展，以缩小与发达国家之间的差距。美国早在2010年就制定了国民生产总值10万亿美元的目标；在克林顿总统“创业政府”和“高科技风险投资”的基础上，布什总统在任期间政府大力发展军民两用高新技术产业，力图保持在世界经济中的领导地位。日本在20世纪80年代就确立了产业立国的战略，成为仅次于美国的世界第二经济强国；90年代后，日本经济出现连续衰退，于是科技立国、大力发展高新技术产业成为日本政界、企业界和学术界的共识，“政”“产”“学”“研”四位一体的互动式高新技术产业发展模式逐步确立。欧盟在推进区域经济一体化的同时，为增强在国际经济中的竞争力，各主要成员国都在大力发展高新技术产业，尤其是德国、英国、法国的高新技术产业发展令世界刮目相看。作为新兴经济体的韩国，在21世纪科学技术革新规划中，确立世界第七科技强国的目标，明确了高新技术产业在国民生产总值中的比重要到30％。然而，就全球来看，高新技术产业的产值创造仍然集中在美国、日本和欧盟等主要发达国家。但是，高新技术产业的发展已经引起世界各国的普遍重视。

尽管我国是科技大国，但是高新技术产业的起步较晚。1986年3月，邓小平同志对王大珩等一批科学家提出的“关于跟踪研究外国战略性高技术发展的建议”做出重要批示。在充分论证的基础上，党中央、国务院果断决策，于1986年11月启动实施了“高技术研究发展计划”（“863”计划），提出：在今后几十年内，选择生物技术、航天技术、信息技术、激光技术、自动化技术、能源技术和新材料技术等七个领域作为发展高技术的重点，旨在提高我国的自主创新能力，坚持战略性、前沿性和前瞻性，以前沿技术研究发展为重点，统筹部署高技术的集成应用和产业化示范，充分发挥高技术引领未来发展的先导作用。1988年7月，国家科学技术委员会（今中华人民共和国科学技术部）根据党的十三大提出的“注意发展高新技术新兴产业”的要求，以及党中央关于发展高新技术新兴产业的部署，在全国开始实施“火炬计划”，接着国务院于1991年年初批准建立27个国家级高新技术产业开发区。1995年，政府又提出了“科教兴国”战略。这一系列的战略行动，伴随着我国经济的快速增长和进一步改革开放，促进了我国高新技术产业的蓬勃发展。到1999年年底，我国已建立了53个国家级高新技术产业开发区和数十个省级高新技术产业开发区。这既为2000年后我国形成具有一定优势的高新技术产业创造了条件，也为国民经济向更高水平的稳定发展准备了后劲。

当前，我国经济已经进入工业化中后期，经济、社会的持续高速和全面协调发展将从更多地依赖资源和环境的消耗转变到更多地依靠创新驱动。从中国共产党第十六届中央委员会第五次全体会议到2006年年初发布的《国家中长期科学和技术发展规划纲要（2006—2020年）》，再到2007年全国科学技术大会和党的十七大，明确将“提高自主创新能力，建设创新型国家”提升到国家战略的高度，这为我国高新技术产业的发展提出了新的历史机遇。2009年，我国高新技术产业总产值达到8845.9亿美元，超过美国的7276.9亿美元，位居世界第一位；高新技术产业出口额为3483.0亿美元，高新技术产业出口额占制造业出口额的比重为27.5%，都位居世界前列。我国已经成为世界高新技术产业大国。但是，我国还不是高新技术产业强国，2009年，我国高新技术产业的研发强度仅为1.48%，远低于美国的19.74%、日本的10.50%、德国的6.87%、英国的11.10%和韩国的5.86%①。不论高新技术产业的技术创新能力，还是高新技术产品的科技含量和国际竞争力等都落后于发达国家，高新技术产业的发展更多依靠的是加工贸易，自主创新能力较弱。因此，发展高新技术产业，提升高新技术产业的自主创新能力，对推动产业结构升级，提高劳动生产率和经济效益，具有不可替代的作用。我国建设创新型国家和加强自主创新、提升产业国际竞争力的发展思路，必然要求高新技术产业加快发展。

高新技术产业是技术创新占主导地位的产业，在加大研发强度、注重创新资源的总量投入的同时，更要注重其效率问题，特别是在相对于发达国家我国高新技术产业创新资源严重不足的情况下，效率问题就变得更为突出。因此，如何对我国高新技术产业技术创新效率进行合理评价，分析效率的影

① 资料来源：《中国高技术产业统计年鉴》（2011年和2013年），其中日本的数据为2008年，英国的数据为2007年，德国、英国和韩国的数据为2006年。

响因素及作用机制，找到促进高新技术产业技术创新效率提高的现实途径，实现高新技术产业技术创新能力和竞争力提升，这是本书将要深入探讨的问题。

在总结和借鉴国内外有关高新技术产业技术创新以及效率测度方法的研究基础之上，本书重点对我国高新技术产业技术创新效率进行测度和评价。通过系统地研究高新技术产业技术创新水平的测度指标，构建出较为完善的技术创新投入与产出指标体系，并建立了基于非参数估计方法的高新技术产业技术创新效率的测度模型。各章的主要内容如下所示。

第一章：高新技术产业技术创新效率理论。首先对高新技术、高新技术产业的概念进行界定，并分析高新技术产业的特征；其次，对技术创新、效率和技术创新效率等相关概念的内涵进行阐述，并对技术效率、技术进步和全要素生产率之间的关系进行论述；再次，对效率测算的参数方法和非参数方法进行理论推导和适用性分析，在此基础上说明了测度技术创新效率的三阶段 DEA 模型、DEA-Malmquist 生产率指数和 Bootstrap 方法；最后，论述所有制结构、规模、市场结构和政府行为四个因素对高新技术产业技术创新效率的作用机制。

第二章：中国高新技术产业技术创新现状、发展趋势与国际比较。首先从产出规模、劳动力规模、进出口贸易状况、内外资规模等四个方面分析我国高新技术产业的总体发展现状和趋势；然后，分析我国高新技术产业技术创新的投入产出现状和趋势；最后，从产出规模、研发强度和劳动生产率等三个方面进行高新技术产业技术创新的国际比较。

第三章：高新技术产业不同行业的技术创新效率测度。以我国高新技术产业的行业面板数据（2000～2009 年），基于三阶段 DEA 模型，在控制环境因素的基础上测算我国高新技术产业的技术创新效率。结果表明，在剔除政府支持、市场结构、企业规模、所有制结构等环境因素以前规模效率（scale efficiency，SE）被高估，纯技术效率被低估。与经典 DEA 模型相比，三阶段 DEA 模型的测算结果更符合经济现实，更能客观地反映各行业的研发创新效率水平。

第四章：高新技术产业不同行业的技术创新效率动态变化分析。运用Malmquist指数对我国高新技术产业（2001～2009年）的技术创新效率变动进行测算，通过Bootstrap方法对效率测度的测度值进行纠偏。结果表明，2001～2009年我国高新技术产业技术创新的全要素生产率（total factor productivity，TFP）处于不断改善的趋势，而各个连续年度的技术效率和技术进步并不稳定。Bootstrap纠偏估计显示，DEA-Malmquist方法得到的TFP变化及其分解指数并不一定是显著的，经Bootstrap纠偏的技术效率值会有所减小。

第五章：高新技术产业技术创新效率的区域差异分析。将三阶段DEA模型与Bootstrap方法相结合，在控制环境因素和随机误差影响的基础上测算我国省际高新技术产业的技术创新效率，同时计算效率的置信区间。结果表明，我国高新技术产业技术创新效率还比较低，而且各省（自治区、直辖市）之间差异较大。所有制结构、政府支持、企业规模、市场结构等环境因素，对我国不同地区高新技术创新效率影响显著。纠偏后技术创新效率整体有所下降，但“东高西低”的格局并未改变。

第六章：高新技术产业技术创新效率的动态变化及区域收敛性。使用DEA-Malmquist方法与Bootstrap方法，对2000～2010年我国省际高新技术产业技术创新的全要素生产率变动进行测算，并给出效率估计值的显著性水平。在此基础上，对省际高新技术产业技术创新的全要素生产率的变动差异进行收敛性检验。结果显示，2000～2010年，我国高新技术产业技术创新的全要素生产率处于不断波动中，技术创新效率的改进并不理想；从三大区域和各省市的情况来看，高新技术产业技术创新的TFP变动方向存在显著差异，各省市高新技术产业技术创新效率的变动表现出较强的收敛趋势。

第七章：提升高新技术产业技术创新效率的政策选择。以本书中的研究结论为依据，结合国内外高新技术产业技术创新的比较进行分析，并提出促进高新技术产业技术创新效率提升的政策建议。

本书由大连市学术著作出版基金资助出版。

由于笔者时间和水平有限，书中难免存在不足之处，望广大读者批评指正。

目　录

第一章 高新技术产业技术创新效率理论

第一节　高新技术产业的界定

一、高新技术

高技术的概念起源于20世纪60年代的美国，但是直到1971年才在美国国家科学院的《技术和国际贸易》一书中给出其基本含义，用以表达在经济上能够取得重大效益的尖端技术。1983年，高技术一词被正式收录进美国出版的《韦氏第三版国际词典补充9000词》，作为一个正式的名词被确定下来，意为涉及生产和使用先进、精密、尖端的方法或仪器的科学技术。1988年，经济合作与发展组织（OECD）把高技术定义为需要以充满活力和持续进步的研究和开发为基础的迅速发展和高度综合的技术。高技术是一个动态的概念，随着时间的推移，高技术的主要内容和涉及范围都会有所改变，新的高技术将陆续出现，一些发展成熟的技术也会变为一般技术。在不同的国家，其定义和解释也不完全一致。

我国高技术概念的提出和受到普遍关注是从1986年国家提出的“863”计划开始的。而“高新技术”这一概念的提出，应该溯源于我国的“火炬计划”。1988年7月，国家科学技术委员会（今中华人民共和国科学技术部）根据党的十三大提出的要“注意发展高技术新兴产业”的要求和党中央关于发展高技术新兴产业的部署，在全国开始实施“火炬计划”。它是“863”计划的增补计划，即提出将生物技术等七个领域作为发展高技术的重要领域。与“863”计划明显不同的是，这个指导计划将以前的“高技术产业”延伸为“高技术、新技术产业”，将“高技术产品”拓宽为“高技术、新技术产品”，并且提出了创办“科技型（高技术）企业”（又称“高技术、新技术企业”），组建“高技术、新技术产业开发实验区”的有关方针政策。在之后的实践中，也常把高技术与新技术混在一起，统称为“高新技术”。因此，“高新技术”就成为在中国应用比较广泛的概念，其含义既包括足够代表当时科技发展最高水平的高技术，也包括相对于旧技术而言，能够填补国内技术空白的新技术。当然，“高”和“新”也不是在所有场合都是统一的，中国之所以在高技术的界定上再加一个“新”字，是为了反映中国对能填补国内空白的技术的重视程度。根据世界高新技术发展的趋势和我国的实际情况，国家划定了我国高新技术发展的 11 个领域，具体包括：微电子科学和电子信息技术，空间科学和航天技术，光电子科学和光电一体化技术，生命科学和生物工程技术，材料科学和新材料技术，能源科学和新能源、高效节能技术，生态科学和环境保护技术，地理科学和海洋工程技术，基本物质科学和辐射技术，医学科学和生物医学工程，其他在传统工业基础上运用的新工艺和新技术。

高新技术的概念具有强烈的中国特色，本书沿用国内普遍的提法，即“高新技术”的概念。高新技术是一种知识密集型的技术，是利用现代科技成果或者建立在最新科学成就基础上形成的尖端技术。在高技术概念上加上“新”字，是基于对我国现实的客观认识，对我国空白领域的技术的重视。

二、高新技术产业

1. 高新技术产业的定义

目前业界对高新技术产业的界定存在较大的分歧。

美国劳工统计局对高新技术产业的定义：研究试制费以及科技人员与职工总数的比例比整个制造业高出一倍以上的产业，即高新技术产业。

美国学者纳尔逊（R. Nelson）在《高技术政策的五国比较》一书中指出，所谓高新技术产业，是指那些以大量投入研究与发展资金以及迅速的技术进步为主要标志的产业。

美国学者杜迪（F. D. Doody）和芒塞（H. B. Muntser）认为，高新技术产业可以被定义为一类体现出高增长率、高额的研究与开发费用、高附加值、强烈的出口导向和劳务密集（这里专指高技能的劳务）的生产技术公司。

日本长期信用银行对高新技术产业的定义为：能节约资源和能源，技术密度高，技术革新速度快，而且由于增长能力强，能在将来拥有一定的市场规模，能对相关产业产生较大波及效果。

在英国，高新技术产业被视为一些包含信息技术、生物技术，以及许多位于科学和技术进步前沿的其他技术所构成的产业群体。

法国经济学家认为，仅仅当一种新产品使用生产线生产并且拥有高素质的生产者，占有一定的市场份额并且已形成新分支产业时，该产业才能称为高新技术产业。

澳大利亚科学与技术部把高新技术产业定义为投入大量研发经费，同科学技术人员密切联系生产新产品，并且有科学或技术背景的一些产业。

OECD对高新技术产业的定义为：高新技术产业是指研发（R&D）经费占总产值的比例远高于各产业平均水平的产业。

我国科学技术黄皮书第三号《中国科学技术指标1996》将具有较高的技术密集度的制造业产业定义为高新技术产业。

综上所述，一般认为高新技术产业是以高新技术为基础、从事一种或多种高新技术及其产品的研究、开发、生产和技术服务的企业集合。其产品的主导技术必须属于所确定的高技术领域，而且必须包括高技术领域中处于技术前沿的工艺或技术突破。

2. 高新技术产业的界定标准

目前，国际上还没有对高新技术产业的统一界定。不同的国家往往根据本国经济社会发展的水平，采用不同的方法和标准来界定高新技术产业。

实践中，应用最广泛的界定标准主要有两个：一是美国商务部确定的界定标准。该标准主要包括四项指标：①研发支出占销售量的份额；②科学家、工程师及技术人员占所有从业职工的比重；③产品所采用的主导技术必须在所确定的高新技术领域范围之内；④产品所使用的主导技术必须包括高新技术领域中处于技术前沿的工艺或技术突破。按照这一标准，美国商务部将R&D费用在所研究产业总产值中所占的比重在10%以上，或者科技人员在总就业人数中所占的份额在10%以上的产业界定为高新技术产业。另外，该产品的主导技术必须属于所确定的高新技术范围之内，并且必须包括高新技术领域中处于技术前沿的工艺或技术。依此标准，在美国，高新技术产业主要包括信息技术、生物技术及新材料技术三大关键领域。

二是OECD国家制定的界定标准。OECD国家为了便于国际之间比较，用R&D强度[①]来定义和区分高新技术产业，这一标准于1994年开始投入实际应用。该标准主要包括研发总费用（即直接和间接研发费用）占该产业总产值的比重、直接研发费用占产业总产值的比重、直接研发费用占产业增加值的比重三个指标，以这三个指标来测算和分类高新技术产业。按照这一标准，OECD在20世纪80年代将R&D经费占总产值高于4%的行业划分为高新技术产业，90年代后这一标准提高到8%。OECD成员国都按该组织确定的划分标准统计高新技术产业，并进行国际比较。1994年，OECD通过对其10个成员国的研究，按照这个标准得出当时的高新技术产业包括：计算机和办公机械、航天航

① R&D强度为R&D经费支出占高新技术产业总产值的比重，是用于衡量高新技术产业技术创新能力的最有效指标。

空、电子和通信设备，以及制药。2001 年，OECD 又把高新技术产业调整为以下五个：航天航空制造业、电子及通信设备制造业、电子计算机及办公设备制造业、医药制造业、医疗设备及仪器仪表制造业。

我国目前还没有高新技术产业的明确定义和业内一致认同的界定标准，一般情况下，按照产业的技术密集度和复杂程度来衡量。2000 年，国家统计局借鉴 OECD 的方法，采用制造业 R&D 强度作为行业技术密集度高低的判断标准，并将技术密集度达到制造业平均水平 2～3 倍的产业界定为高新技术产业。2002 年，国家统计局公布了《高技术产业统计分类目录》，确定我国高新技术产业包括核燃料加工等八大类 58 个小类。本书将我国高新技术产业与 OECD 对比，如表 1-1 所示。

表 1-1　中国与 OECD 高新技术产业分类对比

行业分类	中国（2002 年）	OECD（2001 年）
高新技术产业	核燃料加工业	
	信息化学品制造业	
	医药制造业	医药制造业
	航空航天制造业	航空航天制造业
	电子及通信设备制造业	电子及通信设备制造业
	电子计算机及办公设备制造业	电子计算机及办公设备制造业
	医疗设备及仪器仪表制造业	医疗设备及仪器仪表制造业
	公共软件服务业	

表 1-1 显示，与 OECD 的高新技术产业分类相比，我国高新技术产业又包含了核燃料加工业、信息化学品制造业和公共软件服务业。这主要是由我国高新技术产业的实际发展水平决定的，核燃料加工业是新能源和新材料行业，信息化学品制造业与电子及通信设备制造业等行业紧密相关，公共软件服务业是我国的知识密集型行业。同时，在统计数据公布时，国家统计局扣除了核燃料加工业、信息化学品制造业和公共软件服务业作为高新技术产业的计算范围，因此，我国高新技术产业统计口径与 OECD 一致，高新技术产业数据完全可用于国际比较。

三、高新技术产业的特征

1. 研发投入高

高新技术产业的发展是以不断创新为生命线的，高新技术产业的形成是以科学上的发现以及技术上的发明为基础的，而最根本的源泉就是强大的研发投入。研发活动被认为是在高新技术产业领域取得技术领先和企业取得持续成功的关键手段。高新技术的研发需要大量的高、精、尖设备的投入，所需要的资金投入巨大，而且在高新技术研发、成果转化、工业化大生产三个阶段中，投资需求量呈现出不断递增的趋势，这使得高新技术产业的发展需要大量的、持续的资金投入。

在高新技术产业中，由于技术进步和激烈竞争的驱动，产品的生命周期往往较传统产业要短得多，产品的更新换代速度很快。这样整个产业产品更新换代的高速度将迫使在这个产业中角逐的竞争者加强自己的研发投入，去保持或创造自己的技术优势和创造出新的产品。有数据显示，在美国，航空与航天工业企业研发投入占总营业额的比例高达 18.3%，通信工业为 11.5%，而整个制造业企业的平均水平仅为 3.7%。以微软公司为例，仅仅开发 Windows 2000 操作系统，就投入了 10 多亿美元。在德国，高新技术企业中研发投入最高者的投入量与传统企业中研发投入最低者的投入量相比几乎相差 40 倍。

2. 智力资本密集

高新技术产业属于高度知识密集型、技术密集型行业，智力资本是高新技术产业最重要的生产要素，也是高新技术产业发展的重要载体。可以说，高新技术产业的发展过程实际上也是智力创造的过程。高新技术产业的科技人员数量要远远高于其他产业，与传统资源依赖型产业不同的是，由于智力资本并非有形资产，它存在于人的头脑之中，因而高新技术产业发展更多地取决于人的创造性。

高新技术产业对于从业人员的智力水平、知识结构、专业技能等都有很高的要求。在高新技术行业，人的受教育程度、专业化水平等都远远高于一般性产业。特别是随着现代科技发展日益呈现出高度交叉、高度融合的趋势，不同技术之间相互渗透，很多新技术就是在不同技术的高度集成基础上形成的，因而高新技术对人员的要求也在不断提高。一方面，要具有较高的智力水平、丰富的知识结构、灵活的应变能力、熟练的专业化技能；另一方面，无论是知识层次还是专业技能，都强调其复合型的特点，以适应学科知识的交叉渗透和技术的不断融合。作为科技人才培养的基本保障，各国纷纷采取措施加大高等教育投资，大力培养科技人才。我国提出的“科教兴国”战略正是为了全面落实科学技术是第一生产力的思想，增强国家的科技实力以及向现实生产力转化的能力，提高全民族的科技文化素质，为高新技术产业的发展提供强大的智力资源。

3. 高风险性

高新技术产业在技术开发过程中具有高度的不确定性、探索性、不可预期性，其成败往往不可预测。同时，高新技术产业发展存在不成熟性和不稳定性，面临的风险要远远高于其他产业。大体上，高新技术产业发展中主要面临的风险有技术风险、市场风险、财务风险、管理风险等。技术风险主要来源于高新技术稳定的不确定性、技术前景的不确定性、技术效果的不确定性、技术寿命的不确定性，以及产品生产的不确定性；市场风险主要包括难以确定市场接受的能力、难以确定市场接受的时间、难以预测高新技术产品的扩散程度、难以确定市场价格和竞争力，以及难以确定正确的市场战略规划；财务风险源于高新技术研发的成本一般较高，资金需求量大，而其融资渠道往往受到较多限制，同时受制于其他几类风险，其投资回报又具有较大的不确定性；管理风险源于高新技术产业的管理决策的风险性，受制于管理者素质、管理体制、组织结构与外部环境等。美国硅谷的实践表明，高新技术企业的失败率为20％～30％，60％～70％的企业生命力为3～5年，只有5％的企业能进入成熟行业。

4．高成长性

高新技术产品一般具有较强的市场垄断力，产品被市场接受后就会表现出极强的扩张力。由于高新技术产业的快速成长，产业发展速度远远高于传统产业，使其成为新的经济增长点。高新技术产业通过研发活动引发知识创新，知识创新带动技术进步，技术进步刺激生产率增长，生产率增长导致经济的集约型增长。这意味着，高新技术产业在优化产业结构、带动经济增长、降低资源耗费等方面发挥着重要的作用。据统计，获得美国政府“小型企业创新研究项目”资助的企业，1985～1995年其销售收入和雇员人数分别增长了151％和83％（Lerner，1998），远远高出同期其他类型的企业。

5．高渗透性和关联度

在新技术革命的推动下，高新技术的发展不断创造着新的产业群，从而形成了强大的生产力。高新技术以其渗透性和关联性，在实现自身产业化、推动新兴产业出现的同时，也带动了相关产业的发展，推动了整个社会的发展与进步。高新技术产业通过将所生产的高新技术产品作为生产要素供给绝大多数厂商，渗透到国民经济的各个产业部门，融合于第一产业和第二产业，从整体上提高国民经济的技术含量集约化程度，有力地推动传统产业结构升级，对整个产业的技术进步起着带动作用，从而改变整个社会的生产方式和生活方式。

6．外部经济性

依据成本效益分析理论，当一个产品具有正外部性时，其私人收益就会小于社会收益，两者之间的差额就是外部收益，即私人投入的溢出部分。高新技术产品的公共品属性决定其存在外部经济性。一般情况下，高新技术产业主要存在两种外部性：一种是市场溢出，另一种是知识溢出。市场溢出是指高新技术企业生产的新产品，在其投入市场的前期，成本和风险都非常高。当市场逐步培育成熟后，其他企业就会跟进，并从这一过程中获益。知识溢出是指高新技术企业生产的新技术、新产品，容易被其他企业模仿，甚至直接利用，从中分享到研发企业带来的技术收益。这些会阻碍整个高新技术产业的私人投资水平。高新技术产业的实际投资水平低于社会最优投资水平，由此带来社会无谓损失，即社会成本。

由于高新技术成果的行业特点和应用广度不同，各种技术的外部效应不同。一般来说，可利用面广、具有较高附加值的技术外部效应较大。就高新技术企业溢出效应通常发生于行业分工环节中与其他关联企业的竞争与合作过程中，以及非直接技术交易之外的对其他企业的正的外部效应看，这些正规和非正规的接触与信息交流都可能成为高新技术企业对其他企业的技术溢出的源泉。

第二节　技术创新效率的相关概念

一、技术创新

创新（innovation）一词最初源自拉丁文 Innovare，其意思是更新、创造或改变。约瑟夫·熊彼特（J. A. Schumpeter）在其 1912 年出版的代表作《经济发展理论》（*The Theory of Economic Development*）一书中，首次从学术角度提出“创新”的概念，开创性地建立了以“创新”理论为核心的动态发展理论，并运用创新理论解释了经济发展问题。熊彼特认为，技术创新是指把一种从来没有过的关于生产要素的“新组合”引入生产体系。这种新的组合包括：①引进新产品；②引用新技术，采用一种新的生产方法；③开辟新的市场；④控制原材料新的来源——不管这种来源是否已经存在，还是第一次创造出来；⑤实现任何一种工业新的组织，如生成一种垄断地位或打破一种垄断地位。但熊彼特并没有直接对技术创新（technological innovation）下严格定义，只将技术创新作为一个新的独立变量来考查其对经济增长以及社会变迁的影响。后来创新的含义又有更进一步的发展，西蒙·库兹涅茨（Simon Kuznets）将创新视为为达到一个有用目的而采用的一种新方法。索洛（Solo，1951）在其《资本化过程中的创新：对熊彼特理论的评论》一文中，首次提出了技术创新成立的两个条件，即新思想来源和以后阶段的实现与发展。这一“两步论”被认为是技术创新概念界定上的一个里程碑。伊诺思（Enos，1962）在《石油加工业中的发明与创新》一文中，首次将技术创新明确定义为：“技术创新是几种行为综合的结果，这些行为包括发明的选择、资本投入保证、组织建立、制订计划、招用工人和开辟市场等。”

自从伊诺思首次提出技术创新概念以来，国外不同领域的学者从不同角度对技术创新进行了深入研究，归纳起来，主要有以下几种不同的观点。

曼斯菲尔德（Mansfield，1968）对技术创新下的定义较具有代表性。他的研究对象主要侧重于产品创新，他认为“产品创新是企业对新产品的构思开始，以新产品的销售和交货为终结的探索性活动”。Myers 和 Marquis（1969）认为，技术创新是一个复杂的过程，从新思想和新概念开始，通过不断地解决各种问题，最终使一个有经济价值和社会价值的新项目得到实际的成功应用。Utterback（1979）把技术创新定义为“某种新产品或工艺的创造、开发、使用和扩散的过程”。Freeman（1982）认为，“技术创新是技术的、工艺的和商业化的全过程，其导致新产品的市场实现和新技术工艺与装备的商业化应用”。OECD（2000）从技术的产品创新和技术的工艺创新角度来定义技术创新，其中，技术的产品创新是指“实现具有改进性能特征的产品或商品化”；技术的工艺创新是“实现或采纳新的或重大改进的生产方法或交付方法，可以涉及诸如设备、人力资源、工作方式或者它们的组合等变化”。

国内学者对技术创新的研究，主要有以下几种观点。许庆瑞（1990）认为，

"创新是指那种对于某一种环境或组织来说是崭新的技术。对于旨在出售的新技术来说，技术创新的特征在于其第一次商业化应用"。王明友（1997）认为，技术创新是指新产品和新工艺设想的产生（获取）、研究开发、应用于生产、进入市场并实现商业利益，以及新技术扩散整个过程的一切技术经济活动的总和。傅家骥（1998）在总结国内外对技术创新概念界定的基础上，认为技术创新是企业家以获取利益为目标，抓住市场潜在盈利机会，重新组织生产条件和要素，建立效能更强、效率更高和费用更低的生产经营系统，从而推出新产品、新生产方法，开辟新市场、获得新原材料或半成品供给来源，建立企业新组织（科技、组织、商业、金融）的一系列活动的综合过程。我国 1999 年出版的《辞海》将技术创新定义为："把一种或若干种新设想（新概念）发展到实际和成功应用的阶段，或称一个从新产品或新工艺的设想产生到市场应用的完整过程。"

综合上述观点，本书界定技术创新就是企业应用创新的知识和新技术、新工艺的过程，采用新的生产方式和经营管理模式，提高产品质量，开发生产新的产品，提供新的服务，占据市场并实现市场化的一系列活动。

二、效率

经济学中对"效率"的研究已经十分深入，从古典经济理论到新古典经济理论再到新增长理论都对效率的内涵有不同的解读。效率的定义由 Debreau（1951）、Farrel（1957）和 Koopmans（1951）在率先提出效率测度的方法时给出，他们认为，效率从投入角度来讲是最优投入与实际投入的比值，从产出角度来讲则是实际产出与最优产出的比值。之后，新古典经济学的代表人萨缪尔森（Samuelson）给出了更有影响力的效率定义，认为效率是测度一个过程的执行情况，要求有效地利用资源以满足人的需求，且在该过程中不存在资源的浪费。即效率是一种投入产出的数量关系，其追求的是以最少的资源获得最大的效用。

西方古典经济理论已经认识到效率的重要作用，强调单要素效率的巨大作用，特别是劳动生产率和资本生产率。新古典经济学中所说的效率问题就是资源合理配置问题，即经济中的各种资源的使用方面和使用方向问题。一方面，效率是指如何尽可能地减少浪费，在投入既定的生产要素的情况下生产出最大价值的产出；另一方面，效率是指如何使每一种资源能够有效地配置到最适宜的使用方面和方向上。人们习惯于将前一种效率称为生产效率，将第二种效率称为经济效率，又称帕累托效率。经济效率是一种市场效率，是通过生产要素或经济资源在不同部门或行业的自由流动来实现其有效配置的。生产效率是一个组织的效率，它是通过改善内部管理方法和提高生产技术来实现的。新经济增长理论的经济效率概念是一种边际含义，统称为边际生产率（marginal productivity）或边际实物产量（marginal physical productivity）。它们强调生产效率的复合性、动态性等特点，通常称为生产率（有单要素生产率和全要素生产率之分），其含义和范畴要小于生产效率或效率。从本质上说，西方经济效率理论的经济效率概念与新古典经济理论、新古典增长理论等的概念是一致的，其方法仍然是以数理推论和实证分析为主，并建立在一些严格的假设基础之上，没有摆脱新古典分析的框架。

沿着新古典经济学对效率内涵的分析路径，首先来看一下经济效率的内涵。其最具有影响力的是帕累托效率理论。帕累托效率，又称为帕累托最优，由意大利著名经济学家维弗雷多·帕累托在研究经济效率和收入分配时提出。它是指达到这样的一种资源分配状态：当资源有限时，在不使任何一个人情况变坏的条件下，不存在任何资源重新配置方案能使某些人的境况变得更好。与此相对，若存在某种资源配置方案使至少一人的境况变好而没有任何人的境况变坏，则称为存在帕累托改进。帕累托最优可以用效用曲线来形象地表示，如图 1-1 所示。

在图 1-1 中，曲线 AB 代表边界效用曲线，C、D 为曲线 AB 上的两个点，C、D 分别代表两种不同的帕累托效率状态。E 点位于边界效用曲线的内部，很

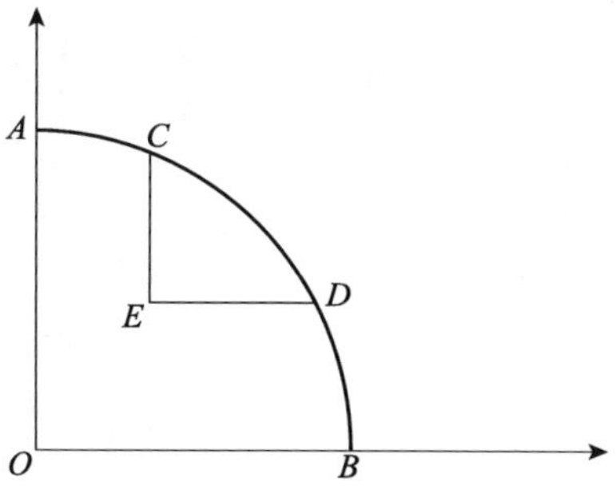

图 1-1　帕累托最优

明显 E 点所代表的状态不是帕累托最优状态，还存在帕累托改进的余地。由帕累托改进的定义可知，E 点状态通过帕累托改进仅能实现曲线 CD 之间的任意帕累托最优，而曲线 AC 和 BD 段的帕累托效率则是初始状态 E 点所不能达到的。由此可见，帕累托改进的路径存在很大的限制性。尼古拉斯·卡尔多（Nicholas Kaldor，1939）对帕累托效率标准进行了改进，在《经济学府里命题与个人之间的效用比较》一文中提出了卡尔多-希克斯效率：以总财富最大化为标准，只要能使社会财富总效应增大的方案就可称为有效的改进方案，而不考虑其中任何个人的损失与否。显而易见，该效率标准存在一个补偿问题，即现实中受益者对受损害者的补偿问题。虽然科斯定理为该补偿问题提供了一个界定财产权的理论方法，但其在现实中很多方面都很难实现。

新古典经济学对效率内涵的认识的第二个方面就是生产效率。帕累托效率仅给出了效率标准的参考系，却无法进一步量化具体的效率值，而生产效率是可以通过投入产出法进行分解和计算的。投入产出方法中效率的测度需要首先确定生产前沿或成本前沿。Farrell（1957）最早提出了效率测度的生产前沿方法，用来评价企业的资源利用率和生产效率，即通过投入产出的样本值来构造生产前沿面，使所有产出样本值都位于前沿面之内，所有投入样本值都位于前沿面之外，那么每个样本值与前沿面的距离就是该生产点的效率。他认为，效率包含两部分：一是技术效率（technical efficiency，TE)，反映由给定的投入集合所能获得最大产出的能力；二是配置效率，即合理安排投入成分，并合理安排对应价格和生产技术的能力。通过这两种效率的结合便可以实现对总体效率的测量。之后，Farrell 通过构造前沿生产函数来测度效率值的方法得到了广泛的应用，其主体思想表述如图 1-2 所示。

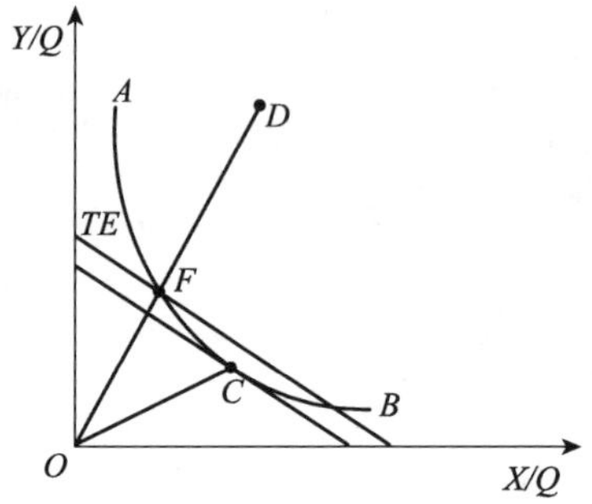

图 1-2　技术效率和配置效率

如图 1-2 所示，Farrell 在固定规模报酬收益的假设下，以 X、Y 两种生产要素生产单产出 Q 的例子阐述其思想。图中曲线 AB 表示全效率公司的单位等产量线，则曲线 AB 所代表的方程即为前沿生产函数。曲线 AB 右侧的投入产出点都是无效率的，而曲线 AB 左侧的投入产出点在当前技术条件下是不可能实现的。给定投入价格信息，令 TE 代表一组预算约束线。对于任意给定的一个公司以 D 点所表示的投入量来生产一个单位产出，那么该公司的投入产出情况显然是非效率的。根据西方经济学的思想，C 点是最有效的生产点，C 点的成本为 OC。由此可见，D 点的缺乏效率可以分为两部分：技术非效率和配置非效率。

D 点的技术非效率可用 DF 段来表示，即可以利用现有的最佳技术改进管理水平等，在不减少产出量的情况下减少投入量，所需要减少的投入比例就是 FD/OD。那么由技术效率的定义可知，该公司的技术效率就可以表示为：$\text{TE}=OF/OD$。显然，技术效率的取值为 0～1，反映公司技术效率的程度。若 $\text{TE}=1$，则说明公司是全技术效率的，即该公司的投入产出点位于生产前沿曲线 AB 上。虽然 F 点的技术效率达到了 1，但是经过 F 点的预算约束线与等产量曲

线 AB 相交，显然 F 点不是成本最小的生产点。该组预算约束线与等产量曲线相切于 C 点，故 D 点的配置效率可表示为：$AE=OC/OD$。

以上所述的技术效率和配置效率都是处于规模报酬不变的假设条件下的，然而在现实生产中，企业生产的规模报酬是可变的，并且其运作规模有可能不是最优的，会处于规模报酬递减或递增的生产阶段。在这种情况下，公司效率可以通过改变公司的生产规模来得到改善。

如图 1-3 所示，我们以单一投入（X）和单一产出（Y）来解释规模报酬效率。以 VRS 曲线代表规模报酬可变的生产前沿函数，CRS 曲线代表规模报酬不变的生产前沿函数。当实际生产点为 D 点时，其所处的生产情况是非效率的，技术效率值 TE（crs）$=AB/AD$。为了进一步衡量生产的规模效率，我们假设生产的规模报酬可变，这时候生产前沿面为 VRS 曲线，则此时 D 点的技术效率值为 TE（vrs）$=AC/AD$。经济学者把这种规模报酬可变情况下的技术效率叫做纯技术效率（pure technical efficiency，PTE），即 PTE$=AC/AD$，而将规模效率定义为技术效率与纯技术效率之比，即 SE=TE/PTE，显示在图 1-3 中则为 SE$=AB/AC$。由此可见，规模效率衡量的是规模报酬不变的生产前沿面与规模报酬可变的生产前沿面的距离。当生产过程处于规模报酬不变的生产前沿曲线上时，规模效率为 1，此时为规模有效。反之，当规模效率小于 1 时则为规模效率无效。

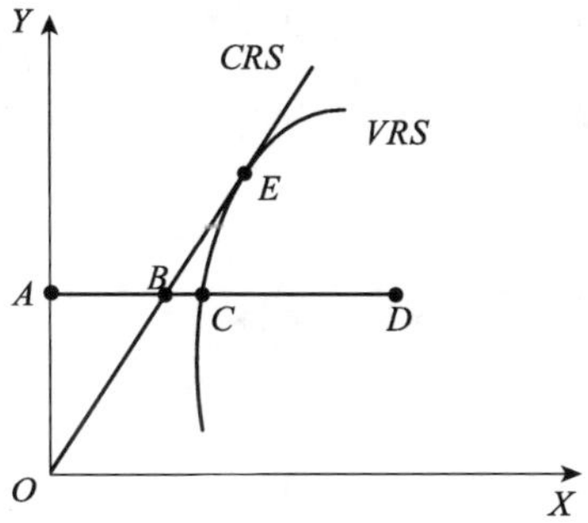

图 1-3　规模效率

三、技术效率、技术进步与全要素生产率

新经济增长理论认为，经济效率概念是一种边际含义，统称为边际生产率。它强调生产效率的复合性、动态性等特点，通常称为生产率（有单要素生产率和全要素生产率之分）。TFP是生产率研究的一个分支。传统的生产率研究属于单要素生产率研究，只注重影响生产率增长的单方面因素；而全要素生产率的研究则将影响生产率增长的影响因素扩展到了其他投入要素中，将其他影响因素综合起来考虑，从而全面衡量影响生产率增长的因素，找出生产率增长的触发点，进一步推动生产率的提高。一般来说，TFP是指除了劳动力和资本这两大物质要素之外，其他所有生产要素所带来的产出增长率。我们通常所讲的生产率都是指的全要素生产率，全要素生产率的经济意义在于它在指数大小上由全部投入、产出要素所决定，在内涵上代表了技术进步、规模经济、管理水平、人员素质等因素对产出的作用，体现的是内涵式扩大再生产。产出的增长，一半来源于实际投入要素的增加，另一半来源于使用这些投入要素的效率，即全要素生产率的提高。实质上，全要素生产率的好坏就代表了投入要素综合利用效率的高低。

Nishimizu和Page（1982）首次把技术效率引入经济增长的分析，并把全要素生产率分解为技术进步与技术效率两个部分。他们指出，在此前的研究中，生产率的变化，不论是提高还是下降，都被认为是由技术进步引起的，而技术的利用效率则被长期忽略了，技术进步与技术效率两者具有相当不同的政策含义。

关于全要素生产率的计算，人们普遍认为，它是生产率增长过程中所无法解释的一部分，也就是说TFP是经济增长核算时的一个“余值”，它应当等于产出增长率与全部投入要素增长率加权和之差。索洛（Solo，1951）最先运用增长核算法（growth accounting），建立了一个解释框架，来测定经济增长的主要因素。在这一框架中，索洛将经济增长归因于资本积累、劳动力增加和技术变

化。在定量研究中，索洛将产出增长扣除资本和劳动的增长所导致的产出增长后未被解释的部分归为技术进步的结果。由于索洛对总量生产函数和全要素生产率的理论做出了开创性的工作，一般又将模型中的技术进步称为索洛余值。索洛余值的表达式如式（1-1）所示：

$$\frac{\Delta Q}{Q}=S_L\frac{\Delta L}{L}+S_K\frac{\Delta K}{K}+\frac{\Delta T}{T} \tag{1-1}$$

式中，产出的增长率等于以下三项之和：一是劳动投入的增长率 $\frac{\Delta L}{L}$ 乘以劳动在产出中的份额 S_L；二是资本增长率 $\frac{\Delta K}{K}$ 乘以资本在产出中的份额 S_K；三是技术进步率 $\frac{\Delta T}{T}$。

索洛将产出增长扣除资本和劳动的增长后未被解释的部分全部归为技术进步引起的，这在一定程度上忽视了技术效率的改变。把技术效率因素从原来的技术进步中独立出来，对于全面分析产出增长的原因有着重要意义。一般认为，技术进步与技术创新、技术引进有关，而技术效率往往与企业的管理水平有关。

将技术效率因素考虑进来的索洛余值模型如下所示。

第一种情形：假设一段时期内，没有技术进步存在。此时索洛余值公式中的 $\Delta T/T$ 就是技术效率改变，也就是促进全要素生产率改变中技术要素的作用完全是技术效率改变的结果。

第二种情形：假设一段时期内，存在一定的技术进步，且技术效率的改变独立于技术进步。此时，技术进步因素的贡献是 $\Delta T_i/T$，技术效率的贡献是 $\Delta T_e/T$，那么索洛余值表达式变为：

$$\frac{\Delta Q}{Q}=S_L\frac{\Delta L}{L}+S_K\frac{\Delta K}{K}+\frac{\Delta T_i}{T}+\frac{\Delta T_e}{T} \tag{1-2}$$

第三种情形：假设一段时期内，存在一定的技术进步，且技术效率的变化在一定程度上受到技术进步的影响，把技术效率变化进行分解，$\Delta T_e/T=$

$\Delta T_e^1/T+\Delta T_e^2/T$，其中 $\Delta T_e^1/T$ 是技术效率中不随技术进步变化的部分，$\Delta T_e^2/T$ 是技术效率中因技术进步影响而发生改变的部分，记为 $\Delta T_e^2/T=f(\Delta T_i/T)$。此时，索洛余值表达式变为：

$$\frac{\Delta Q}{Q}=S_L\frac{\Delta L}{L}+S_K\frac{\Delta K}{K}+\frac{\Delta T_i}{T}+\frac{\Delta T_e^1}{T}+f(\frac{\Delta T_i}{T}) \tag{1-3}$$

通过以上索洛余值公式的变形，对产出增长中技术要素的贡献进行了详细的划分，要比单纯计算全要素生产率得到更多的信息。把全要素生产率的变动分解为技术进步和技术效率变动两部分：一是由于投入要素的原因使得产出大幅度提高引起全要素生产率的提升，将其解释为体现在新的资本中的技术进步对产出的贡献，属于技术进步层面；二是在投入要素不变时产出也会提高，与“未体现的技术进步”的功效一样，属于技术效率层面。与技术进步不同，技术效率主要受到经济体制、组织管理、劳动者素质、社会历史文化传统等因素的影响。

将技术进步、技术效率与全要素生产率对促进经济单元的产出增长用图形直观地表示，如图 1-4 所示。

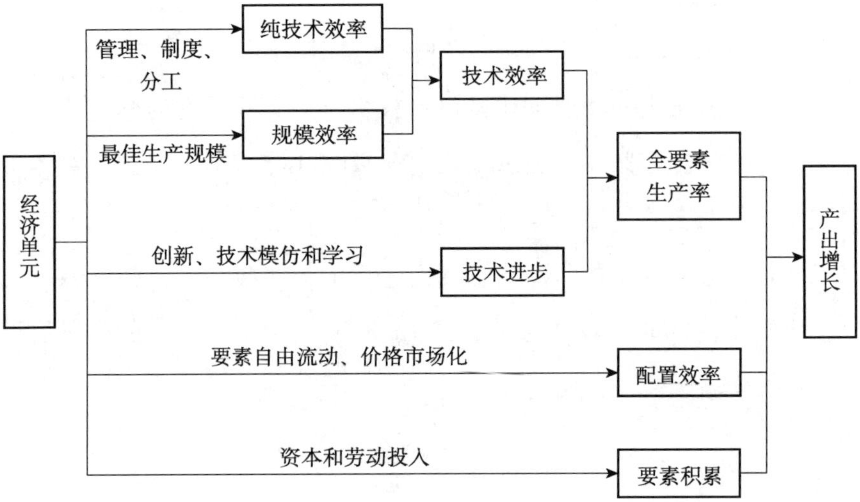

图 1-4　技术效率、技术进步、TFP 与产出增长

四、技术创新效率

从效率理论的发展来看，从不同角度对效率有不同的表述。把效率的概念引入技术创新活动中后，技术创新效率成为技术创新领域研究的重要内容。关于技术创新效率的定义问题，目前学术界并没有达成一致的共识。

池仁勇等（2004）认为，技术创新效率是多种技术创新要素投入向技术创新绩效转换的投入产出概念，是属于技术创新系统的研究范畴。增加技术创新投入和建设有序的技术创新系统，固然是增加技术创新能力的主要途径，但是，技术创新效率决定了技术创新要素的利用程度，提高技术创新效率等于增加技术创新产出或者节省技术创新投入。技术创新系统是一个多要素投入和多成果产出的复杂的开发系统，投入向产出转化贯穿于技术创新的全过程，技术创新效率是系统的投入与产出的有效经济量的转化效率。如果提高技术创新效率，在一定的投入水平下等于增加成果产出；或者，在一定的产出条件下，等于节省技术创新要素投入。所以，技术创新效率决定了技术创新能力和成果。

当进行技术创新效率评价时，技术创新效率中的“效率”概念一般指的是，当一个合理的投入产出比例关系称为是技术有效的，如果在不减少其他产出的条件下，技术上不可能获得任何额外的收益。由于技术创新投入与产出是多变量和不同量纲的，评价技术创新的绝对效率非常困难。所以国内外学者们大多从相对效率的测度展开评价，相对效率的典型定义就是如果以相对较少投入得到相对较高的绩效，那么投入产出关系是生产前沿面，在这个前沿面上的投入是有效率的，即其效率达到了最高。参考相对效率的定义，技术创新效率其实即实际技术创新活动接近前沿面的程度。池仁勇认为，技术创新效率的充分必要条件：一是加大一种或一种以上的创新要素投入或降低其他种类的产出，否则不能再获得额外收益；二是要减少某种创新要素投入，必定会减少产出或者增加另一投入才能维持创新产出不变。在创新要素投入类别一定的状态下，创新产出离前沿面的距离越小，则技术创新效率越高。或者是在创新要素产出确定的状态下，其投入离生产前沿面的距离越大则技术创新效率就越小。

综合上述分析，本书认为，技术创新效率是一种生产效率，本质上隶属于技术效率，同时技术创新效率也是一种相对效率，而非绝对效率。

学者对技术创新效率的研究一般从微观层面、中观层面和宏观层面三个层面展开。技术创新效率的研究最早从微观层面开始，它以企业为研究对象，同时为技术创新效率的中观、宏观层面研究提供了良好的参考依据。中观层面的技术创新效率研究是以产业和行业为研究对象，而宏观研究则侧重以国家、省市为研究对象。本书对高新技术产业技术创新效率的研究就是从中观的产业层面进行的。

第三节　效率测度的方法

在经济学中，技术效率的概念应用广泛。关于技术有效性的研究，开始于Koopmans（1951）、Debreu（1951）和Shephard（1953）。Koopmans（1951）首先提出了技术效率的概念，他将技术有效定义为：在一定的技术条件下，如果不减少其他产出就不可能增加任何产出，或者不增加其他投入就不可能减少任何投入，则称该投入产出为技术有效的。技术有效的所有投入产出向量的集合构成生产前沿面。Debreu和Shephard给出了描述多投入-多产出生产技术效率的模型化方法，即用距离函数测量生产单位与生产前沿面的距离，沿着产出增大方向（Debreu产出有效）或投入减少方向（Shephard投入有效）。

Farrell（1957）首次提出了技术效率的前沿测定方法，并得到了理论界的广泛认同，成为效率测度的基础。在实际应用中，生产前沿面是需要确定的。其确定方法主要有两种：一种是通过计量模型对前沿生产函数的参数进行统计估计，并在此基础上，对技术效率进行测定，这种方法被称为效率评价的“统计方法”或“参数方法”；另一种是通过求解数学中的线性规划来确定生产前沿面，并进行技术效率的测定，这种方法被称为“数学规划方法”或“非参数方法”。参数方法的特点是通过确定前沿生产函数的参数来确定生产前沿面，针对不同研究对象所确定的生产函数也各不相同，技术效率的测度具有一定的针对性；而非参数方法只需通过求解线性规划来确定生产前沿面，方法简单易行，应用广泛。

一、随机前沿分析

参数方法依赖于生产函数的选择，常用的生产函数有 Cobb-Douglas 生产函数、Translog 生产函数等。参数方法的发展经历了两个阶段：确定型前沿模型和随机型前沿模型。确定型前沿模型是在不考虑随机因素影响的情况下求解前沿生产函数，Aginer 和 Chu（1968）采用了这种方法，并考虑了如下 Cobb-Douglas 生产函数前沿面：

$$\ln q_i = x_i'\beta - \mu_i \, , \qquad i = 1,2,\cdots,I \tag{1-4}$$

式中，q_i 代表第 i 个决策单元的产出；x_i' 是包含投入对数的 $K \times 1$ 向量；β 是待估参数的列向量；μ_i 是与技术无效率相关的非负随机变量。

在这个模型中，可以采用若干种方法来估计未知参数：Aginer 和 Chu 利用线性规划；Afriat（1972）认为，μ_i 是服从 γ 分布的随机变量，而且是用最大似然估计法来确定的；而 Richmond（1974）利用最小二乘法来估计。

式（1-4）中的生产前沿面是由 q_i 的范围确定的，其中 q_i 的上界为非随机（即确定性）量 $\exp(x_i'\beta)$ 。这种形式的前沿面刻画没有考虑测量误差和其他的统计噪声，所有的偏差都被认为是由于技术无效率造成的，这使得其技术效率测定结果与实际的效率水平有一定的偏差。为了消除确定型前沿模型的这一缺陷，解决方法就是引入另一个随机变量来代表统计噪声。由此得出的前沿面被称为随机生产前沿面。

Aigner、Lovell 和 Schmidt（1977），Meeusen 和 van den Broeck（1977），Battese 和 Corra（1977）提出了随机前沿分析（stochastic frontier analysis,

SFA）方法，对模型中的误差项进行了区分，提高了技术效率测定的精确性。它们所提出的随机前沿生产函数形式如下：

$$\ln q_i = x_i'\beta + v_i - \mu_i\ , \qquad i = 1,2,\cdots,I \tag{1-5}$$

其中，除了添加了一个对称的随机误差 v_i 来说明统计噪声外，式（1-5）和式（1-4）完全一样。统计噪声来源于忽略了向量 x_i 中的相关变量，这一噪声同样来源于与函数形式选择有关的测量误差和近似误差。由式（1-5）所确定的模型被称为随机前沿面生产函数，这是因为产出值的上界是随机变量 $\exp(x_i'\beta + v_i)$。随机误差 v_i 可以是正值也可以是负值，因此随机前沿面的产出对于确定型前沿面模型的确定部分 $\exp(x_i'\beta)$ 是有偏差的。

下面说明随机前沿面模型的效率计算，假设只有唯一的投入 x_i，获得产出 q_i，那么 Cobb-Douglas 随机前沿面模型如下：

$$\ln q_i = \beta_0 + \beta_1 \ln x_i + v_i - \mu_i \qquad i = 1,2,\cdots,I \tag{1-6}$$

两边去自然对数得到：

$$q_i = \underbrace{\exp(\beta_0 + \beta_1 \ln x_i)}_{\text{确定部分}} \times \underbrace{\exp(v_i)}_{\text{噪声}} \times \underbrace{\exp(\mu_i)}_{\text{无效率}} \tag{1-7}$$

式（1-7）所表示的生产前沿面可用图 1-5 来形象地说明，图中给出的前沿面为随机前沿面模型的确定部分，可以看出其规模报酬递减特征。假设有两个决策单元 A 和 B，决策单元 A 在投入水平 x_A 的条件下得到产出 q_A，而公司 B 在投入水平 x_B 下得到产出 q_B，这些观测值在图中以“$\otimes$”表示的点来表示。如果没有技术无效率效应（例如，μ_A 和 μ_B 都等于 0），则 A 和 B 两个决策单元的前沿面产出分别为：

$$q_A^* \equiv \exp(\beta_0 + \beta_1 \ln x_A + v_A) \tag{1-8}$$

$$q_B^* \equiv \exp(\beta_0 + \beta_1 \ln x_B + v_B) \tag{1-9}$$

q_A^* 和 q_B^* 的值通过图 1-5 中以“$\otimes$”表示的点来表示。可以很清晰地看到，决策单元 A 的前沿面产出在生产前沿面的确定值的上方，这是因为噪声效应为正值（即 $v_A > 0$），而公司 B 的前沿面产出在生产前沿面的确定值的下方，因为噪声效应为负值（即 $v_B < 0$）。同样可以看到，公司 A 的观测产出在前沿面的

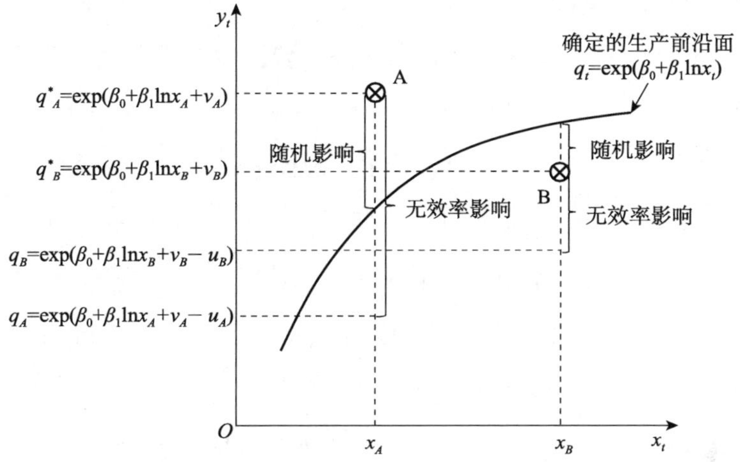

图 1-5　随机生产前沿面

确定值的下方，这是因为噪声效应和技术无效率效应的总和为负值（即 $v_i - \mu_i < 0$）。

式（1-6）的前沿面模型的特点可以推广到公司具有多个投入的情形。采用 SFA 方法度量 n 个决策单元 T 时期的技术效率，假定每个决策单元均通过 m 种投入来实现同一种产出，则常用的 SFA 基本模型可表达如下：

$$\ln q_{it} = \ln f(x_{it},\beta) + v_{it} - u_{it}(i=1,2,\cdots,n;t=1,2,\cdots,T) \tag{1-10}$$

$$\varepsilon_{it} = v_{it} - u_{it} \tag{1-11}$$

$$u_{it} = \delta(t)u_i, \delta(t) = \exp\{\eta(T-t)\} \tag{1-12}$$

$$\mathrm{TE}_{it} = \frac{\exp(\ln f(x_{it},\beta) + v_{it} - u_{it})}{\exp(\ln f(x_{it},\beta) + v_{it})} = E(\exp\{-u_{it}\} \mid \varepsilon_{it}) \tag{1-13}$$

$$\gamma = \frac{\sigma_u^2}{\sigma_u^2 + \sigma_v^2} \tag{1-14}$$

式中，q_{it} 表示第 i 个决策单元第 t 期的实际产出量；x_{it} 表示第 i 个决策单元第 t 期的要素投入向量；v_{it} 是模型中的随机扰动项，通常用来表示观测误差或天气等随机因素对产出的影响，通常假设 $v_{it} \sim i.i.dN(0,\sigma_v^2)$；$u_{it}$ 是一个非负变量，代表生产的技术无效率项，由 $\delta(t)$ 和 u_i 两部分构成，通常会假设 u_i 服从半正态分布、截断正态分布或指数分布等，并且独立于随机扰动项 v_{it}。$\delta(t)$ 反映了技术效率随时间变化的特点，通过估计 η 的值来判断决策单元的技术效率的未来发展趋势：当 $\eta>0$ 时，$\delta(t)$ 是 t 的单调减函数，说明该决策单元越来越缺乏效率；反之若 $\eta>0$，则 $\delta(t)$ 是 t 的单调增函数，表示该决策单元的技术效率呈上升状态；当 $\eta=0$ 时，$\delta(t)=1$，说明决策单元的技术效率在整个时期中为固定的常数。$\varepsilon_{it}=v_{it}-u_{it}$ 是一个合成误差项，其期望值小于0，故而不能使用最小二乘法来估计，一般采用最大似然估计来得到相关参数，进而通过条件期望 $E(\exp\{-u_{it}\}\mid\varepsilon_{it})$ 来求得技术效率 TE_{it} 的估计值。技术效率 TE_{it} 的取值范围在 0～1，u_i 越小，技术效率 TE_{it} 越大。

另外，可以通过 γ 的估计值来判断某一数据组是否适合 SFA 模型。由 γ 的定义公式可知 $0<\gamma<1$，当 $\gamma\to0$ 时，表明合成误差项的主要组成部分为 u，v 所起的作用很小，此时则可以通过最小二乘法来估计，没有必要使用 SFA；反之，当 $\gamma\to1$ 时，u 是合成误差项的主要决定部分，v 几乎没有起到作用，此时用确定性的前沿分析即可，同样没有必要使用 SFA 来估计。由此可见，对 γ 进行极大似然比检验是十分必要的，其检验统计量渐进服从混合卡方分布。

在实际运用 SFA 方法的过程中，有以下三个主要问题：①选择哪种生产函数形式。在 SFA 方法的数学模型表达式中，决策单元的生产函数形式 $f(x_{it},\beta)$ 是未知的，在实际应用时多由人为主观设定，有时会造成主观设定的生产函数形式并非决策单元的真实生产函数，这是 SFA 方法的一个弊端所在。多数学者通常会选择 Cobb-Douglas 生产函数或超越对数生产函数。②对 u 的概率分布的假定。一般会选择半正态分布、截断正态分布或指数分布作为 u 的概率密度分布，然而缺乏相应的理论来证明具体应该选择哪种分布。有学者证明，关于 u 的概率分布的不同选择，对最终结果的影响不大。③ ε 的偏度问题。由模型的假设条件可知，ε 的偏度为负值，然而在实际应用时会出现 ε 的偏度为正的情况，最终导致所有决策单元的技术效率值都接近于1。此时可以从以下四个方面来进行考察：一是所有决策单元的真实技术效率确实很高；二是模型的选择不恰当，如所选择的生产函数的形式与实际情况不符，此时参数估计的结果通常为负，

且 t 值较低；三是 u 的方差 σ_u^2 很小，ε 主要由 v 来决定，这种情况下 γ 值极大；四是 ε 的实际概率密度分布的偏度为负值。

二、数据包络分析

1. 生产可能集

在生产理论中，生产函数被定义为一种技术关系，用来表明一组具体数量的投入要素的组合所可能生产的最大产出量，它是对现实生产活动进行概括和抽象所归纳总结出的最优的理想化模型。因此，生产函数与实际生产中投入与产出之间的数量关系存在着不同。现实中组成一个生产系统的各个同类型生产单元的产出，一般是达不到整个生产系统所对应的生产函数的产出量的。根据各生产单元实际的投入产出数量，利用一定的数学手段求出其相应可能生产的最大产出量，再进一步求得这一最大产出量与投入要素数量之间的对应关系才符合生产函数的概念。为了与传统回归分析所得到的平均生产函数相区别，通常将严格满足定义的生产函数称为生产前沿或前沿生产函数，它是研究生产系统效率的有效工具。

生产可能集的概念是数据包络分析（data envelopment analysis，DEA）方法的理论基础。假设生产系统的投入要素为 $X=(x_1, x_2, \cdots, x_m)^T \in R_m^+$，产出 $Y=(y_1, y_2, \cdots, y_m)^T \in R_p^+$，定义至少能生产出产量 Y 的投入向量集合为投入可能集，称之为产出 Y 的投入对应；同理，将投入向量 X 所能对应的全部产出向量集合定义为产出可能集，即投入向量 X 的产出对应。这样，就可以进一步得到生产可能集的概念。

将集合 $T=\{(X,Y) \mid$ 产出向量 Y 可由投入向量 X 生产出来$\}$ 称为生产可能集。由此可见，投入可能集与产出可能集均为生产可能集。同时，可以定义集合 $\text{EFT}=\{(X,Y) \mid (X,Y) \in T, (X',Y') \notin T, X > X', Y < Y'\}$ 为生产可能集 T 的有效子集，其经济含义是投入要素的任何减少或产出要素的任何增加都要

超出生产可能集。

假定观测到 n 个同类型评价单元的生产活动，每个评价单元均利用 m 项输入来生产 s 项输出，第 j 个单元的输入和输出向量分别为 $X_j=(x_{1j}, x_{2j}, \cdots, x_{mj})^T$ 及 $Y_j=(y_{1j}, y_{2j}, \cdots, y_{pj})^T$，其中 x_{ij}（$i=1,2,\cdots,m$）表示第 j 个单元的第 i 种生产要素的投入量，x_{rj}（$r=1,2,\cdots,p$）表示第 j 个单元的第 r 种产出的数量。则由 n 个评价单元组成的生产系统的生产活动（X_j，Y_j）（$j=1,2,\cdots,n$）构成了一个生产可能集，即 $(X_j,Y_j)\in T$，那么其一般满足下面几个公理性假设。

凸性假设：即对于任意的 $(X,Y)\in T$ 及 $(\hat{X},\hat{Y})\in T$，存在 $\lambda\in[0,1]$，使 $\lambda(X,Y)+(1-\lambda)(\hat{X},\hat{Y})=\left(\lambda X+(1-\lambda)\hat{X},\lambda Y+(1-\lambda)\hat{Y}\right)\in T$。也就是说，若分别以 X 与 $\hat{X}$ 的 λ 与 $1-\lambda$ 倍之和作为输入，则可以产生分别以 Y 及 $\hat{Y}$ 的相同比例之和的产出。

锥性假设：若对任意 $(X,Y)\in T$ 以及 $k\geqslant 0$，均有 $k(X,Y)=(kX,kY)\in T$，即若以投入量 X 的 k 倍作为输入，则产出量是原来的 k 倍。

无效性假设：对任意 $(X,Y)\in T$，若 $\hat{X}\geqslant X$，均有 $(\hat{X},Y)\in T$；或者 $\hat{Y}\leqslant Y$，均有 $(X,\hat{Y})\in T$。也就是说，以较多的投入或者较少的产出进行生产总是可能的。

最小性假设：指生产可能集 T 是满足前述三个假设的所有集合的交集。

可以看出，满足上面四个基本条件的集合 T 是唯一确定的，可以利用观测到的样本数据（X_j,Y_j）来构造符合上述要求的生产可能集：

$$T=\left\{(X,Y)\,\middle|\,\sum_{i=1}^{n}\lambda_i X_i\leqslant X,\sum_{i=1}^{n}\lambda_i Y_i\geqslant Y,\lambda_i\geqslant 0,i=1,2,\cdots,n\right\}\quad(1\text{-}15)$$

2. DEA 的基本模型

数据包络分析是由 Charnes、Coooper 和 Rhodes（1978）提出，Banker、

Charnes 和 Cooper（1984），Fare、Grosskopf 和 Logan（1983）加以推广的。它是将 Koopmans、Debreu 和 Shephard 关于技术效率的理论研究推广到对生产单位的直接效率测量。DEA 方法是基于 Farrell 测量的线性规划方法，通过构建一个非参数逐段线性的包络面（或前沿面）将数据包络起来，由此计算出效率测度值。

Charnes、Coooper 和 Rhodes（1978）提出的第一个 DEA 模型，即面向投入的规模报酬不变模型（CCR），得到了广泛应用。假定有 I 个企业，每个企业用 N 种投入要素生产出 M 种产出，对第 i 个企业，分别用列向量 x_i 和 q_i 表示其投入和产出数据，以 u 和 v 分别表示相应的产出权重和投入权重。则 CCR 模型可表示如下：

$$\left.\begin{aligned}&\max_{u,v}(u'q_i/v'x_i)\\&s.t.\ u'q_j/v'x_j \leqslant 1, j=1,2,\cdots,I\\&u,v\geqslant 0\end{aligned}\right\}\tag{1-16}$$

在全部的效率测度值必须小于或等于 1 的限制条件下，找出 u 和 v 的值使得对企业 i 的效率测度最大化。这种特殊的比率建模，存在的一个问题就是该线性规划问题存在无数个解。为了避免这种情况，可以添加一个约束，令 $v'x_i=1$，则有：

$$\left.\begin{aligned}&\max_{u,v}(\mu'q_i)\\&s.t.\ \upsilon'x_i=1\\&\mu'q_j-\upsilon'x_j\leqslant 0, j=1,2,\cdots,I\\&\mu,\upsilon\geqslant 0\end{aligned}\right\}\tag{1-17}$$

这里将符号 u 和 v 换成了 μ 和 υ，主要是为了强调这是一个不同的线性规划问题。式（1-17）被称为 DEA 模型线性规划的乘子形式。

根据线性规划的对偶性，从而推出一个等价的包络形式：

$$\left.\begin{aligned}&\min_{\theta,\lambda}\theta\\&s.t.\ -q_i+Q\lambda\geqslant 0\\&\theta x_i-X\lambda\geqslant 0\\&\lambda\geqslant 0\end{aligned}\right\}\tag{1-18}$$

式中，θ是一个标量；λ为$N\times 1$的常数向量。这个包络形式比乘子形式涉及的约束条件更少，其应用更为广泛。根据 Farrell（1957），获得的θ值就是第i个企业的效率，满足$\theta\leqslant 1$。若$\theta=1$，说明该点位于前沿面上，即为技术有效企业。

当所有企业都以最优规模运作时，规模报酬不变（CRS）的假设是合理的。但不完全竞争、政府法规和财政约束等会导致企业不能以最优规模运作。

Afriat（1972），Fare、Grosskopf 和 Logan（1983），Banker、Charnes 和 Cooper（1984）等提出对 CRS 的 DEA 模型进行调整来解决规模报酬可变（VRS）的情况。当不是所有企业都以最优规模运作时，使用 CRS 的条件会导致技术效率的测度受到规模效率的影响。使用 VRS 的条件，可以在不受规模效率的影响下，计算技术效率。

CRS 的线性规划问题可以很容易地被修改成适应 VRS 的问题，只需在公式（1-18）中加一个凸集限制$I'_{I\times 1}\lambda=1$，即可得到规模报酬可变的 BCC 模型：

$$\left.\begin{array}{l}\min_{\theta,\lambda}\theta\\ s.t.\ -q_i+Q\lambda\geqslant 0\\ \theta x_i-X\lambda\geqslant 0\\ I'_{I\times 1}\lambda=1\\ \lambda\geqslant 0\end{array}\right\}\qquad(1\text{-}19)$$

其中$I'_{I\times 1}$是一个$I\times 1$的向量。这种方法用一个由相交平面组成的凸包，将数据点都涵盖起来，比 CRS 的锥包包得更密，凸集限制（$I'_{I\times 1}\lambda=1$）基本保证了一个无效率的企业只是以规模大小相似的标杆企业为标准进行比较的。因此，BCC 模型得到的技术效率值要大于或等于用 CCR 模型得到的值。BCC 模型中考虑了规模效率后，实质是将 CCR 模型中的技术效率 TE_{CCR}分解为两部分：一部分是规模效率，另一部分则是剔除了规模效率之后的纯技术效率（TE_{BCC}），三者之间的关系为 $TE_{CCR}=TE_{BCC}\times SE$。

第四节 高新技术产业技术创新效率的影响因素及其作用机制

高新技术产业技术创新效率的影响因素主要有内生因素和外生因素两个方面。内生因素包括企业自身的内部变量，如管理水平、经验的积累、管理者的能力、治理结构、技术水平等；外生因素包括与高新技术产业的制度特征及所处市场环境相联系的变量，如产权制度、规模等，也包括外部市场环境因素，如市场竞争、产业结构、政府行为、金融支持、技术贸易、外商直接投资等因素。本书借鉴已有文献的研究，结合高新技术产业技术创新的特点，从制度经济学、产业经济学、产业组织学等视角，选取了所有制结构、规模、市场结构、政府行为等四个影响高新技术产业技术创新效率的外生因素，对其机制进行了分析。

一、所有制结构

现代西方产权理论认为，产权的本质是对个人行为权利的一种界定，以解决人们在交易活动中如何受益、如何受损，以及他们之间如何进行补偿的问题。这种界定之所以有效率，关键在于人们的权利边界是明确的。任何一个人的行为权利超越了边界就必然损害他人的权利，也就必须为此承担费用。道格拉斯·诺思（Douglass C. North）认为，产权的本质是一种排他性的权利。产权主体具有两方面的行为特征：一是具有追求自身利益最大化的自由权利；二是要受到他人权利的约束。在这种对自己利益最大化追求和受他人权利制约的规则下，经济运行趋于有序和高效。

由于产权是一种界定人们如何受损或受益的权利约束、帮助一个人形成他与其他人进行交易时的合理预期的社会工具，所以，产权必然进入决策者的效用函数，产权制度的安排和变化必然会影响人们的行为方式。而行为方式的改变，则会影响资源配置与产出构成。因此，如果高新技术产业各经济主体有了界限明确的产权，就意味着他在某些财产上有明确的责任权。这就界定了他的行为选择，使其行为有了收益保证或稳定的收益预期。这样，便可以减少经济活动中的“搭便车”行为，对经济行为主体产生有效的激励，充分调动经济活动主体的积极性与主动性，从而提高经济效率。此外，产权制度还可以减少经济行为中的不确定性，有助于经济主体提高效率。一个经济主体在做出经济活动的决策时，总会遇到复杂多变的环境。这种不确定性给人们的选择与决策带来了困难，并增加了交易费用，甚至也会增加生产费用。为此，经济主体总要通过各种途径与手段，减少这种不确定性，而产权制度则是一条减少不确定性的重要途径。

产权对企业效率的作用路径主要体现在三个方面：一是剩余利润占有理论，即剩余利润的占有是银行所有者追求效益的基本激励动机，剩余利润占有份额越多，其提高银行效率的动机也就越强，就控制权而言，控制权收益越高，经营者越珍惜他的控制权，因而也就越有动力通过效率的提高来提高竞争力；二是资产拥有理论，该理论的视角是产权的“排他”功能，正是这种功能确保了资产拥有者、使用者等产权所有者相应收益的界定、划分和不被侵占；三是私有化理论，这个理论实质上是“变换产权改善公司治理”的政策性建议。

产权制度是指既定产权关系和产权规则结合而成的且能对产权关系实行有效组合、调节和保护的制度安排。制度经济学将产权制度理解为影响资源配置和经济绩效的重要内生变量，并运用“交易费用”这一分析工具力图说明制度安排最优结构的状态。产权经济学认为，产权制度是否有效，主要的判别标准是看它在解决外部性问题上交易费用的大小。因为产权制度最主要的效能在于它能降低经济活动中的交易费用，从而提高资源的配置效率，促进经济增长。根据产权经济学的解释，产权制度的效率性或效能的获取源于产权制度的内在功能。

而具有中国特色的企业所有制结构体现的就是一种产权制度安排。随着市场经济体制改革的不断深入，我国企业所有制结构发生了巨大变化，而不同所有制结构的企业生产效率差异显著，主要表现为国有与非国有企业间的效率差别、内资企业与外资企业间的效率差异。许多学者如肖耿（1997）、刘小玄（1998）、钱颖一（1999）等认为，即使在同一行业中，国有制和非国有制企业也具有不同的激励、监督和约束机制，所有制不同对相应企业的预算约束会有所差异。除此之外，不同所有制企业在行业进入及退出、历史负担，以及投融资方面也享受着迥然不同的待遇。例如，与其他所有制企业相比，国有企业在行业准入、市场退出方式、历史负担，以及投融资方面享有优越的待遇，所有这些都使得非国有企业与国有企业相比，更加注意提高企业的效率，以在激烈的市场竞争中获得生存和发展①。林毅夫等（1997）则认为，历史上政府推行"赶超"战略给国有企业带来了政策性负担，从而使国有企业面临着预算软约束，这才是目前国有企业欲振乏力的根本原因②。一旦失去了政策性负担，使国有企业和非国有企业同时面临着一个竞争性的市场环境，那么企业是否具有国有性质就不再是一个关键性问题。换言之，此时企业的所有制性质不再影响企业的效率。但是，为国有企业消除政策性负担仍然任重道远，国有企业和非国有企业面临不同的市场环境和竞争条件仍然是不争的现实。因此，至少就目前而言，仍然可以判断所有制结构对企业的技术创新效率存在着影响，非国有企业在技术创新效率上极有可能高于国有企业。

另外，由于高新技术产业是外资进入度较高的行业，外资企业在技术创新效率上可能会显著差别于内资企业，并对内资企业产生技术溢出与激励。R&D直接投资与一般的生产性直接投资一样，会对东道国产生全面的影响，如就业、进出口贸易、经济增长等。更重要的是它还包含了技术与R&D，这对东道国尤

① 肖耿.1997.产权与中国的经济改革.北京：中国社会科学文献出版社；刘小玄.1998.竞争市场上的国有企业行为——关于微利企业的案例研究报告.管理世界，(1)：176-185；钱颖一.1999.激励与约束.经济社会体制比较，(5)：7-12.

② 林毅夫，蔡昉，李周.1997.充分信息与国有企业改革.上海：上海三联书店，上海人民出版社.

其是技术创新能力差的发展中东道国来说，有着特别重要的意义。Lucas（1988）和Krugman（1987）等学者把技术作为内生变量，并结合新经济增长理论，研究了企业国际化进程中比较优势的内生性与动态转移。其中包括技术知识的国际外溢、“干中学”、学习曲线，以及技术创新对比较优势的影响等。通过研究他们认为，技术作为影响国际贸易和直接投资的内生变量，将在企业国际化进程中产生诸多效应，其中最主要的是技术外溢效应和创新效应。伴随直接投资的技术外溢效应是一个综合的动态过程，既有通过进口机器设备、中间品等硬件技术的转移，也有技术咨询服务、技术人才培训、组织管理技能和企业家精神培养等软技术的渗透和扩散，更重要的是技术开发和创新机制的动态发育。直接投资的技术外溢效应具有显著的优越性，一是它比直接的技术贸易和技术许可有更强的扩散及外溢作用，如人力资源开发和管理技术的转移与扩散，其中最突出的表现为外商投资企业技术和管理人员当地化程度的不断提高；二是由于它有利于软硬件技术和技术创新机制的同时培育和动态积累，所以技术转移的效果较好。而且，通常情况下伴随直接投资的技术转移适用性强，易于为东道国工人和管理人员所掌握，也易于与东道国总体经济技术水平和相关产业技术水平相适应，产生多方面的技术扩散效应。除了技术外溢引致的技术创新外，伴随直接投资的流入，还能够给东道国带来制度和管理的创新，引入新的观念和思维方式，并推动企业制度、行为、组织结构和运行模式的创新。朱有为和徐康宁（2006）就认为，高新技术产业产业所有制结构的多元化，尤其是外商投资企业的大规模进入极大地刺激了企业治理结构和激励机制的变革，促进了技术知识的外溢，使行业研发资源配置出现了效率导向，这也成为技术效率改善的重要制度基础。

二、规模

企业规模的大小是影响企业技术创新的一个重要因素。许多学者，如熊彼特、加尔布雷斯（J. K. Galbraith）和谢勒（F. M. Scherer）对企业规模和技术创新的关系进行了深入研究，但是至今也没有一个明确的结论①。

熊彼特（1942）在《资本主义、社会主义与民主》一书中指出“大型企业是技术进步最有力的发动机”。加尔布雷斯（Galbraith，1957）提出不可能再产生“廉价而简单的创新”的观点来支持大型企业是有高频度的创新活动的组织的论断，也进一步验证了熊彼特的观点。20世纪50年代兴起的关于技术创新的很多研究都支持熊彼特的观点。

1. 关于大型企业的技术创新优势的观点

一是大型企业所拥有的资金优势。即使小型企业有能力解决与研发相关的“纯”技术问题，也只有大型企业才有资金（并且知道如何）进行创新的市场化。例如，产品推广和测试、市场调研和营销活动等所需的成本都影响企业的研发决策。大企业的资金和技术资源意味着研发活动可以大规模进行，成功和失败的研发项目可以互相弥补。大企业相对较多的研发项目不会存在单一研发失败导致整个企业倒闭的风险。大型企业作为一个组织的“无限的（极大的）”生命意味着它可以为一个研发项目的市场化等待很长时间，但是小型企业只能够涉足短期就有回报的项目。

二是大型企业通常具有对市场较强的控制力优势，因此其研发投资的激励更大。短期内市场上缺乏强有力的竞争使之也有机会进行长远规划，促使企业进行高技术创新活动。另外，如果研发活动要想补偿它的成本，企业就必须对市场有足够的控制力以“收获成果”。寡头垄断市场上的竞争状态与向产品异质性努力的方向和力量有关，不亚于完全竞争市场对单个企业创新活动的激励。也有一些研究者认为，大型企业市场地位的社会和“政治”结果使企业有进行技术研发的持续动力，当在已建立的产品线上拥有强有力的地位时来自一般公众和立法者的负面反应的风险就会加大，这时使用新领域的新资源就变得更加

① 库姆斯，萨维奥蒂，沃尔什．1989．经济学与技术进步．中国社会科学院数量经济与技术经济研究所译．北京：商务印书馆．

有利。

三是大型企业具有较大差异化的特征（尤其是在产品和销售方面）。这至少会在两方面提升创新活动的积极性。一方面，大型企业所拥有的很多领域的丰富经验使企业可能进行其他领域的创新活动（Villard，1958）。另一方面，多样化投资的企业有更多的机会去开发大型项目。或许这种大型项目不在企业的主营业务领域，也就是以企业现有的技术是否能够生产项目需要的产品，是否能够通过传统的分销渠道来实现市场化等都是不确定的，但是随着企业经营范围的扩大这种不确定性会减少（Nelson，1959）。

2. 认为中小企业更具有技术创新优势的观点

一是小企业更灵活、更能够接受并进行改变（Damanpour，1992），而大企业中会有更多的官僚主义，这将会导致其研发过程中的交流和协调困难。大型企业的决策层也更趋于保守，很难对市场变化做出及时反应。类似地，Gilder（1988）也把中小企业的创新优势归结于规避大企业中存在的“官僚惯性”的能力和更能适应市场变化的能力。

二是大型企业更关注成熟的研究领域的大型创新，会忽视新的经济趋势和市场机会，而小企业高度的灵敏性使之更容易发现潜在的创新机会。

三是中小企业中的科学家和工程师比大型企业更有创新动力。与大企业相比，中小企业中个人收入更多与个体工作表现紧密联系，尤其是在公司制企业中科学家和工程师可能以股票形式参与分红。另外，中小企业中个人对企业整体运营的贡献更加显而易见，这也会带来更强的创新动力（Kamien 和 Schwartz，1982）。

20 世纪 90 年代以来，越来越多的研究开始区分不同规模的企业在各种条件下的创新优势的差异性，特别是企业规模与过程创新和产品创新的关系。Yin 和 Zuscovitch（1998）构建了一个多产品企业的寡头垄断模型，从创新的异质性来研究企业规模与技术创新的关系，这里创新的异质性是指产品创新与过程创新的差异。他们认为，与产品创新和过程创新有关的研发投资的构成依赖于企业初始的市场份额和接下来的研发对创新后的市场份额的影响。不对称的企业规模造成过程研发和产品研发选择行为的不同。由于大型企业拥有较大的市场份额，同样的成本节约他们能比竞争对手获得更大的利润。然而，任何新的替代品的发明都会减少旧产品的需求，这会导致这两种规模类型的企业在初始市场上的利润损失，但是小型企业会因为较小的市场份额而损失较小。研究的主要发现是，大型企业倾向于追求过程创新，小型企业一般通过产品创新制造“惊喜”。研究也发现，大型企业在初始的产品市场保持领先地位，而小型企业在新产品市场中占主导地位。

对于一个产业而言，其内部企业规模并非越大越经济，这是因为当一个企业规模扩大以后对外与市场的协调成本越来越高，内部运行机制的协调难度越来越大，加上管理与指挥系统的复杂化，信息的上传下达速度减慢，使管理效率大大降低，边际收益下降，甚至会变成负值，出现规模不经济现象。随着企业规模的扩大，内部结构的复杂性增强，这种复杂性是要消耗能量和资源的，这种消耗使规模扩大本来带来的好处相互抵消。通常规模不经济有两种，除上述情况外，还有一种是企业规模过小，达不到所属行业要求的最低规模的情况。显然，企业规模是通过技术创新效率来影响规模经济性的。一般而言，大企业的技术和资金实力雄厚，人员素质、管理水平较高，从而存在规模经济，进而对技术创新效率产生正向影响。但是产权理论学派认为，企业边界有其合理界限，当规模扩大带来的管理成本的增加超过交易成本的减少时，企业规模的“大”就可能导致规模不经济，对技术创新效率也可能是一种损害。相对于大企业而言，由于固定和沉没成本的存在，中小企业进行研发的风险更大，系统性地处于劣势地位。同时，中小企业在从事研发活动中常常面临资金瓶颈，其更为理性的策略是跟随和模仿大企业已经打开市场的产品，而不愿开展较多的产品创新活动，研发效率提高则更有难度。因此，中小企业一般无力从事技术创新，而只能使用大企业使用过的技术。中小企业的人员素质乃至管理能力一般也都不如大企业。同时在融资方面，大企业往往也具有相对优势。不过中小企业具有反应敏捷、善于捕捉市场机会等优点。因此，究竟企业规模如何影响技术创新效率需要进一步验证。

三、市场结构

市场结构是指资源配置在市场运行中呈现的组织分布（集中度）状态，它反映了市场主体（厂商、消费者）之间的相互关系及特征，即市场的竞争和垄断关系。市场结构与效率之间存在一种假说，以德姆塞茨（Demsets，1973）等人为代表的效率结构假说，认为有效率的企业能够通过更高级的管理技术或生产技术来降低成本和获得较高的利润，相应地也占有了较大的市场份额，结果导致更高的市场集中度。

国内外学者关于市场结构对技术创新效率的影响意见不一，关于市场结构与技术创新的关系有以下四个基本的理论观点。

一是熊彼特假说。熊彼特（1942）在《资本主义、社会主义与民主》一书中最早提出了市场结构与技术创新之间的关系。熊彼特假说包含两个基本假设：①垄断企业与竞争企业相比，存在更多的创新活动，因为拥有垄断地位的企业能够凭借其垄断地位防止模仿和假冒，从而能够获得创新带来的利润，反过来获得垄断利润的企业也能够有充足的资金进行研究与开发；②大型企业比小型企业更有创新精神，因为大型企业更有能力为大型的研发活动提供资金支持，反过来研发活动也存在规模经济，另外进行多样化经营的企业也更易发现尚未预见到的创新机会，并且研发活动也具有不可分性，这些都使大型企业在创新方面拥有优势（Kamien and Schwartz，1982）。

二是阿罗假说。作为对熊彼特假说的第一个回应，阿罗（Arrow，1962）在其发表的《经济福利和发明的资源配置》一文中提出了不同观点。阿罗比较了完全垄断和完全竞争的市场结构对技术创新的影响，研究发现完全竞争比完全垄断更有利于技术创新，但二者都低于社会期望的最佳状态。阿罗采用新古典的研究方法对此做出了解释，认为由于垄断厂商在创新过程中存在“替代效应”，也就是说，垄断厂商如果进行创新就得放弃旧技术的垄断利润，这就构成它继续创新的机会成本，这样垄断厂商进行创新的收益就会小于竞争条件下的创新收益，所以在均衡条件下的垄断市场对创新的激励低于竞争性市场。阿罗据此得出结论：竞争比垄断具有更强的创新激励因素，垄断除了造成静态福利损失外还可能阻碍技术进步。但是阿罗的分析夸大了技术创新的“替代效应”对垄断厂商技术创新动力的负面影响，因为他是以两类企业的生产规模和产量相同或相似，从而技术创新所带来的平均成本和边际成本同等程度下降为假设前提的。事实上，与竞争企业相比，垄断企业一般规模较大、产量更高，因此其技术创新带来的总体效益也会更大。也就是说，垄断的市场结构下，大型企业可以通过规模经济、范围经济及网络经济使技术创新产生“乘数效应”，从而大大降低平均成本和边际成本，增加技术创新带来的利润。

三是曼斯菲尔德倒U形假说。曼斯菲尔德（Mansfield，1968）认为，中等程度的市场结构最有利于创新，创新活动随着市场竞争性的增强，出现先上升后下降的趋势。随着市场集中度的增加，市场结构逐渐趋于垄断，技术创新活动呈现先增多后减少的趋势。曼斯菲尔德倒U形假说是对熊彼特假说和阿罗假说的折中。他认为，尽管技术进步是促使集中出现乃至垄断形成的重要原因，但是垄断一旦形成，企业就会逐渐丧失技术进步的动力。同时，企业规模过大还会降低效率，不利于技术进步。现实经济中许多小型企业也对技术进步做出了重要贡献，因为小型企业机制比较灵活，并且面临的竞争压力较大，其在技术创新的效率和时间上都明显优于大型企业。但是他的研究中并未明确指出哪里是倒U形的底部，也就是该理论并没有明确区分最有利于创新活动的市场结构是垄断竞争还是寡头垄断。

四是结构—行为—绩效假说（SCP范式）。梅森（Mason，1939）首次提出用市场结构、市场行为和市场绩效来分析市场竞争的有效性问题，提出企业的市场行为如何影响市场绩效，而市场的结构状态又如何影响市场行为。他认为，市场结构是外生变量，由市场供给和需求等因素决定，市场结构与市场行为、市场绩效之间是单向因果关系。梅森将有效竞争的条件归纳为两个，一是能够维护有效竞争的市场结构条件即市场结构标准，二是能够维护有效竞争的市场绩效条件即市场绩效标准，这就是有效竞争标准的二分法。继梅森的研究之后，一些经济学家把有效竞争的标准扩展到三分法，增加了市场行为标准。

贝恩（Bain，1959）的《产业组织》一书标志着现代产业组织学市场结构理论和“结构—行为—绩效”框架的正式确立。贝恩认为，判断产业的竞争性是否有效，必须研究该产业的市场结构是否高度集中，进入壁垒是否很高、是否阻碍了新企业的进入。在市场结构、行为和绩效中，市场结构起决定作用，通过市场行为对市场绩效产业影响。过高的产业生产集中度会导致市场绩效低下，过高的进入壁垒会阻碍竞争，对市场绩效产生负面影响，较高的市场绩效水平要求适度的产品差异。贝恩采用张伯伦关于厂商理论的基本思路，建立了以垄断竞争为主要模型、以市场结构为中心、以SCP范式为研究框架的较为完整的市场结构理论体系。哈佛学派的谢勒在其《产业结构与经济绩效》一书中进一步完善了SCP范式（Scherer，1970）。他非常强调市场行为的重要性，弥补了贝恩只强调市场结构对市场绩效的直接作用而忽视了市场行为对绩效的影响所导致的过于结构化的缺陷。20世纪70年代之后，鲍莫尔（Baumol）、泰勒尔、索耶等人在哈佛学派的SCP范式的基础上形成了新产业组织学派的SCP范式。新产业组织学派在肯定市场结构对市场行为和绩效的单向影响的同时，强调了市场结构、行为和绩效之间的互动关系，打破了哈佛学派SCP范式的单向和静态分析框架。泰勒尔（1997）在《产业组织理论》中运用博弈论重新解读了市场结构理论，重点分析了垄断条件下的企业竞争行为。他认为，在寡头垄断的市场结构中，企业之间的战略互动才是决定企业行为进而决定绩效的主要因素。

关于市场结构与创新之间的关系经验研究中对市场结构的描述主要采用市场集中度，研究结论主要有三种：一是认为垄断有利于技术创新，二是认为竞争有利于技术创新，三是认为市场结构与创新之间是一种倒U形的关系。早期的研究结论大多数都是假设二者存在单调的关系，例如，Schumpeter（1943）认为，垄断与研发有着密切的联系，高市场集中度的产业更有助于激励企业的R&D努力。而Arrow（1962）则认为，竞争性环境会给企业R&D带来更大的激励。Mansfield（1968）的研究发现，市场结构和R&D密度之间存在一种较弱的正相关关系。Adams（1970）利用美国和法国的产业数据验证卖方集中度（四厂商集中度指数）和研发活动（研发强度）之间的关系，研究表明高技术产业和低技术产业中市场集中度与创新之间的关系是不同的。Shrieves（1978）选取56个三位数制造业产业411家企业的数据，按照产品市场因素把这些产业进行分组则集中度对研发活动有很大影响。Grabowski和Baxter（1973）验证了企业的研发费用与竞争对手的研发费用呈正比的假设，并且发现集中度（CR8）与研发强度之间是一种负相关关系，集中度的提高会导致不同企业间研发费用趋于一致。Comanor（1967）、Phillips（1966）和Shrieves（1978）的实证研究表明，市场结构对创新的影响有赖于其他因素，如产品差异、技术机会等，而且在存在进入壁垒的条件下，集中不能促进创新。Scherer（1967）以研发投入为因变量，以市场力量（集中度）、工业就业情况和类似的定性因素（如技术机会）为自变量进行了回归分析，结果表明集中度与研发强度之间是一种倒U形的关系。Levin等（1985）、Kamien和Schwartz（1982）的研究也发现R&D投入与产业集中度是非线性关系，呈现倒U形，介于垄断与完全竞争之间的市场结构最有利于创新活动。Aghion等（2005）研究认为，产品市场竞争会产生两种效应——逃离竞争效应和熊彼特效应，前者是指竞争带来的创新者利润增加，后者是指竞争会使落后者的创新积极性下降。

从国内的研究来看，多数的研究并不支持垄断性市场结构有利于提高研发效率的观点。唐要家和唐春晖（2004）的研究也发现中国工业行业技术创新效率与市场集中度呈现负相关关系。冯根福等（2006）用企业数量作为市场结构的一种替代性变量，行业中企业数量越多，意味着行业进入门槛越低，市场竞争越激烈，其结论是市场适当的垄断结构更有利于企业研发的效率提高。朱有为和徐康宁（2006）认为，竞争性寡头主导的、大中小型企业共存的市场结构可能是有利于改善高新技术产业研发效率的理想市场结构形态。

四、政府行为

技术创新的政府行为目标就是政府通过必要手段影响技术创新所要达到的最终效果。目前学术界主要有三种观点：一是消除技术创新时滞论。持该观点的学者认为，技术创新政策的根本目标就是影响技术创新向着有利于公共利益的方向的发展，加大技术创新的规模，加快技术创新的速度，缩短技术创新时滞，从而最大限度地促进科学技术成果的产业化进程。这种观点认为，技术创新是一个高风险事业，许多项目会不可避免地失败，政府的核心任务就是要采取措施和制定政策，规避技术创新的风险，减少或克服技术创新过程中的不确定性。制度设计的主要任务就是要探索一套能够有效降低技术创新过程中不确定性的制度安排，从而使创新企业在进行技术创新过程中面临较少的不确定性。二是发展技术创新的基础设施论。持这种观点的学者认为，技术创新政策的首要目标是增强技术创新的基础设施。他们认为，开展技术创新活动的前提条件就是必须存在一定的技术创新基础设施，由于这种基础设施投资具有非连续特点以及与之相适应的规模经济特征，它们不可能由市场竞争来提供，必须通过政府行为的干预来达到。莫舍·贾斯特曼等学者将创新基础设施定义为支持创新过程同时又显示出超过个别企业需求的规模经济的各种因素的组合，它们在其生产和供应方面都具有超越了个别企业需求的能力的规模经济，因而它们不可能通过与创新企业垂直一体化来供应，而必须由外部来供应。三是克服市场失灵论。持这一观点的学者认为，技术创新政策的首要目标是克服市场失灵。根据阿尔伯特·林克的说法，从经济学的观点来看，政府在创新过程中的作用是克服市场失灵，因为市场失灵隐含在技术创新过程模型所显示的每一个技术因素中。当企业由于所从事的商业风险而在研究开发活动上投资不足时，即会发生市场失灵；当企业由于所从事活动的技术风险而在技术或技术基础设施上投资不足或者利用不足时，也会发生市场失灵；当企业由于技术风险或者不能独占收益而在基础科学研究上投资不足时，也会发生市场失灵。政府所承担的一个适当角色就是实施技术创新政策以解决市场失灵问题，要克服这些市场失灵，需要制定并实施针对影响私营企业创新性及其相互作用活动的财政措施。

学者们关于政府干预技术创新的目标的三种观点都没有跳出克服市场失灵的理论框架。技术创新时滞是由技术创新的不确定性引起的，是技术创新市场失灵的一种表现。技术创新的基础设施论认为，技术创新具有公共产品性质，市场提供缺乏效率，需要公共部门来提供，它的本质就是公共产品性质导致的市场失灵，同时技术创新的基础设施毕竟不是技术创新本身，有了最好的技术创新基础设施也并不意味着技术创新过程能顺利完成。所以，克服技术创新中的市场失灵问题是技术创新中政府行为的基础，也是政府行为的主要目标。因此，选择技术创新政策工具的唯一依据也就是能否有效地克服技术创新过程的市场失灵现象。凡是有利于消除技术创新过程中的市场失灵现象的公共政策，都是有效的技术创新政策工具。从这个角度来看，技术创新的政策工具可以分为三类：一是有效消除技术创新公共产品性质而造成的市场失灵的政策。主要包括促进科学技术研究开发的政策，其主要目的是增加科学技术知识的供应量。这方面的主要技术创新政策工具包括政府刺激技术创新的税收与补贴政策，以及公共部门的研究开发直接投资政策等。二是有效消除技术创新过程不确定性而造成技术创新市场失灵的政策。主要是确立完善技术创新风险分担机制的政策，其目的是充分利用技术创新过程的多角度和多环节特点，将技术创新过程中市场方面的不确定性分散到不同技术创新阶段的不同参与者身上，最终实现技术创新风险的社会化。这方面的主要技术创新政策工具包括风险资本政策、中小企业政策等。三是有效降低技术创新外部性而造成技术创新收益分配的不确定的政策。主要是保护创新者的技术创新收益政策，这方面的政策工具主要有专利政策和知识产权保护政策，以及反垄断等方面的政策。此外，还有一些技术创新政策工具，如政府管制措施、反托拉斯法政策、对科学技术和技术创新的宏观调控政策，以及政府的科学技术基础设施、教育培训等方面的政策也会对技术创新的绩效产生影响。

对高新技术产业技术创新过程，政府的政策工具同样会对技术创新效率产生显著影响，但是作用的程度和方向是否会与理论分析存在差异，需要进一步验证和分析。

第五节　本章小结

本章重点对高新技术产业技术创新效率理论进行了系统的归纳和梳理。首先分析了高新技术概念的起源及范畴、不同学者和组织对高新技术产业概念的阐述，以及美国商务部、经济合作与发展组织和我国国家统计局对高新技术产业的界定标准，并分析了高新技术产业的特征。然后，对技术创新、效率和技术创新效率等相关概念的内涵进行了阐述，并对技术效率、技术进步和全要素生产率之间的关系进行了论述。接着，对效率测度的参数方法——随机前沿分析和非参数方法——数据包络分析进行了理论推导和适用性分析。最后，论述了所有制结构、规模、市场结构和政府行为四个因素对高新技术产业技术创新效率的作用机制。

第二章
中国高新技术产业技术创新现状、发展趋势与国际比较

第一节　中国高新技术产业总体发展现状及趋势

一、中国高新技术产业的产出规模

高新技术产业是国民经济的战略性先导产业，发展高新技术产业对于加强科技对经济的支撑作用、推进产业结构调整和转变经济发展方式意义重大。国家高度重视高新技术产业的发展，出台高新技术产业发展规划，以及财政、税收、金融、专利保护等政策法规，积极引进外资，大力扶持和培养高新技术产业发展，使中国成为高新技术产业大国。如图 2-1 所示，中国高新技术产业的产出规模呈现持续增长态势，高新技术产业总产值由 1995 年的 4098 亿元增加到 2011 年的 87 900 亿元，总体上保持了较快的增长速度。从总产值的增速来看，2003 年之前，呈现出波动上升的趋势，2003 年达到最高的 33.9%；2003～2008 年，增速呈下降趋势，受金融危机影响，总产值增速在 2008 年达到最低的 5.8%；随着国家各种经济刺激政策的出台，高新技术产业的产值增速又逐渐恢

复，2010 年达到 17.2%，但是 2011 年又有所减缓，总产值增速为 11%[1]。

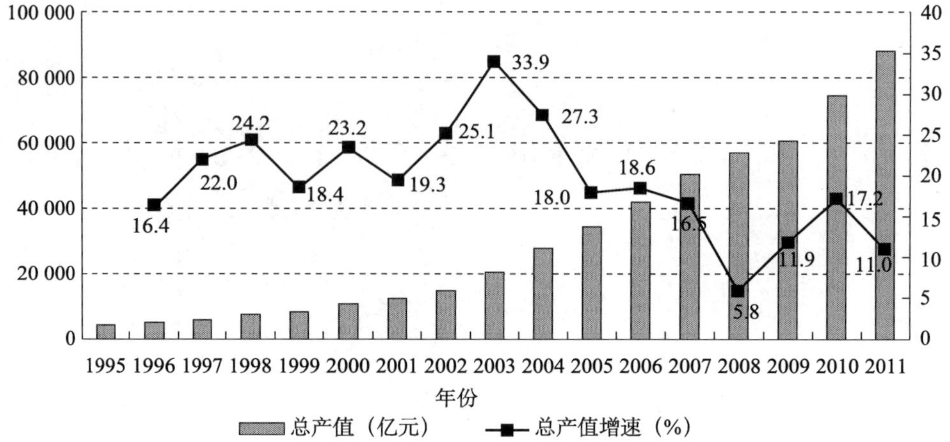

图 2-1　高新技术产业总产值及增速（1995～2011 年）

注：图中总产值增速的计算是对总产值数据用工业生产者价格指数进行平减后得到的可比价计算，某些年度与国家科技统计报告中公布的数据稍有偏差，原因在于采用的平减方法有所差异，但是总的变化趋势是一致的。

一个国家的高新技术产业发展水平，也表明其对高端装备制造业发展的支撑能力，高新技术产业在制造业发展中具有重要作用。从中国高新技术产业总产值在制造业总产值中的比重变化趋势来看，大致分为两个阶段（图 2-2)：第一阶段为 1995～2003 年，高新技术产业总产值在制造业总产值中的比重呈持续上升趋势，从 8.4%上升到 16.1%；第二阶段为 2003～2011 年，高新技术产业总产值在制造业总产值中的比重呈持续下降趋势，从 16.1%下降到 12.0%。结合前面的分析，2003 年之前，中国高新技术产业处于起步阶段，高新技术产业产值增速呈波动上升趋势，产值增长较快，使其在制造业中的占比不断上升。而 2003 年之后，高新技术产业的产值增速放缓，加入 WTO 以后，由于制造业的劳动密集型特征、中国的劳动力成本优势，以及国内各地的招商引资政策，

① 资料来源：《中国高技术产业统计年鉴》（2002～2012 年），国家统计局统计数据，http：//www.stats.gov.cn/tjsj/。

发达国家制造业不断向中国转移，制造业其他行业高速发展，使得高新技术产业的占比逐渐下降，特别是2008年的金融危机，导致这一比重下降幅度更大。这一趋势也与世界其他国家的发展趋势类似，但总体来看，中国高新技术产业在制造业中的占比低于美国、日本、欧盟等世界发达国家和地区的水平。

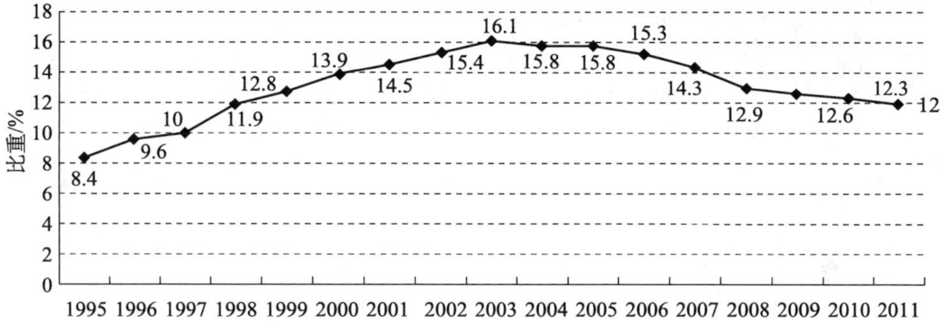

图 2-2　高新技术产业总产值占制造业总产值的比重（1995～2011 年）

资料来源：《科技统计报告》（2007～2011 年），中国科技统计网，http：//www. sts. org. cn.

二、中国高新技术产业的劳动力规模

从劳动力规模来看，高新技术产业的从业人员平均数从1995年的448万人增长到2011年的1147万人。如图2-3所示，总体来看，高新技术产业从业人员平均数的变化可分为两个阶段，第一阶段是1995～2001年，从业人员平均数呈缓慢下降趋势，但是变化幅度很小；第二阶段是2001～2011年，从业人员平均数快速增长，共增加749万人，年均增长11.2%。结合前面的分析，2001年之前，中国高新技术产业的产值增长缓慢，吸纳的劳动力人数变化不大，2001年之后，由于外资企业的大量进入，中国高新技术产业规模迅速扩张，吸纳的劳动力人数也快速增长。

高新技术产业从业人员数在制造业就业人员和全社会就业人员中的比重一直处于上升态势，其中在制造业就业人员中的占比从1995年的6.33%提高到2011年的14.14%，在全社会就业人员中的占比从1995年的0.56%提高到2011

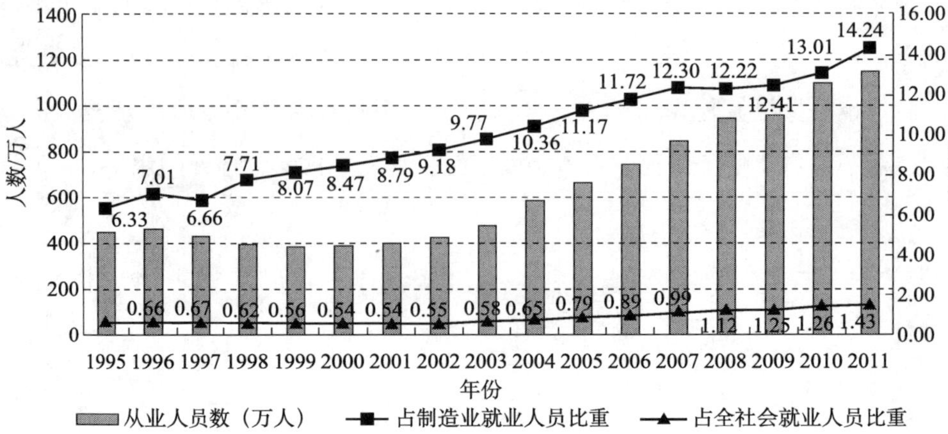

图 2-3　高新技术产业从业人员及其比重（1995～2011 年）

资料来源：《中国高技术产业统计年鉴》（2002～2012 年），北京：中国统计出版社；国家统计局网站数据，http：//data. stats. gov. cn/，并经作者计算。

年的 1.50%。这一现象充分说明了中国高新技术规模快速增长、吸纳了越来越多的劳动力，以及中国经济结构和产业结构不断调整的趋势，通过大力发展高新技术产业，实现对传统产业的改造和升级，不断优化产业结构，实现经济健康持续发展。

三、中国高新技术产业的进出口贸易状况

从中国高新技术产业进出口状况来看，自 1995 年以来，高新技术产品在中国商品贸易中的比重稳步上升，到 2006 年达到 30%，之后虽然有所波动，但基本稳定在 30%左右。高技术产品已成为中国商品贸易的支柱之一，尤其在出口方面更是以前所未有的规模带动整个商品出口的发展，高新技术产业的发展对调整中国商品贸易的结构、促进商品贸易的发展起到了巨大的推动作用。如图 2-4 所示，1995～2011 年，中国高新技术产品贸易快速增长（除了受到国际金融危机的影响，2009 年进出口额都出现下降以外）。其中，出口额从 1995 年的 101 亿美元增长到 2011 年的 5488 亿美元，年均增长 28.4%；进口额从 1995 年的 218 亿美元增长到 2011 年的 4632 亿美元，年均增长 21.0%。2004 年以前，中

国高新技术产业进口额略高于出口额，2004 年以来，高新技术产业出口额超过进口额，并且贸易顺差逐步扩大。

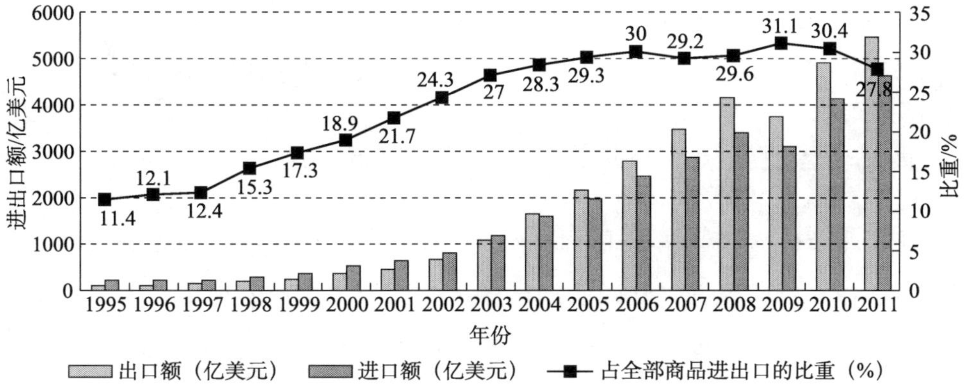

图 2-4　高新技术产业进出口额及所占比重（1995～2011 年）

资料来源：《中国高技术产业数据》（2003～2012 年），中国科技统计网，http：//www.sts.org.cn.

中国高技术产品出口的主要贸易方式包括进料加工贸易、来料加工贸易、一般贸易和其他贸易方式，其中加工贸易（包括进料加工贸易、来料加工贸易）占有最大份额，而进料加工贸易占据着绝对的主导地位。2011 年，进料加工贸易出口额占加工贸易出口总额的比重达到 90.6%。加工贸易在中国高新技术产品出口中的绝对主导地位充分说明了中国出口的大部分高新技术产品仅为其他国家的代加工产品，近年来出口的大规模增长也是发达国家高新技术产业转移的结果。相对于加工贸易，以一般贸易出口的高新技术产品可以被视为拥有自主研发能力的产品。2011 年，中国以一般贸易出口的高新技术产品为 900 亿美元，仅是以加工贸易出口产品的 1/5 左右，占高新技术产品出口总额的比重不足 16.4%。

从中国高新技术产业各种贸易方式所占比重的演变情况来看，1996～2003 年，一般贸易出口的高新技术产品所占比重就一直呈现下降趋势，从 1996 年的 14.3%一路下降到 2003 年的 7.2%；2002～2011 年，虽然加工贸易仍然占主要地位，但是其比重不断下滑，从 2002 年的 89.3%下降到 2011 年的 76.9%，而一般贸易比重逐步上升，从 2003 年的 7.2%提高到 2011 年的 16.4%。这说明，虽然加工贸易仍然是中国高新技术产品出口的主体，但近年来随着中国对高新技术产品打造自主品牌、实施自主创新意识的不断增强，一般贸易在高新技术产品出口中的地位也在不断提高。随着中国产业结构调整的进一步深化，以及高新技术产业自主创新能力的增强，一般贸易所占比重仍然有较大上升空间①。

四、中国高新技术产业的内外资规模对比

中国高新技术产业中外资企业一直占有主导地位，内外资企业之间通过人员流动、技术外溢等方式共同实现高新技术产业的快速发展。如图 2-5 所示，1995～2011 年高新技术产业内外资企业总产值一直呈上升趋势，其中外资企业总产值从 1995 年的 1818.2 亿元增长到 2011 年的 55 106.7 亿元，年均增长 23.7%，内资企业总产值从 1995 年的 2279.8 亿元增长到 2011 年的 32 793.3 亿元，年均增长 18.1%。总的来看，2001 年之前，内外企业总产值相差不大，产值增速较为缓慢，2001 年之后，外资企业增长速度远远高于内资企业，使得二者之间的总产值差距逐渐拉大。分析其原因，2001 年之后，随着中国加入 WTO，各个行业的壁垒逐渐消除，对外开放度逐渐加强，政府制定各项外资优惠政策，如享有地方所得税的减免、再投资退税等一系列优惠来吸引外资进入，同时外资企业的技术实力使得其在分工协作中处于优势地位，因此，外资企业规模增长迅速。

从内外资企业产值比重变化来看，1995～2004 年，内资企业占比不断缩小，从 1995 年的 55.6%下降到 2005 年的 26.5%；而 2004～2011 年，随着高新技术产业开放度的不断增强，内外资企业通过前后向关联，外资企业在人员、技术方面产生了大量的外溢，而内资企业不断加大研发投入、技术引进和消化吸收经费投入、技术人员引进与培养，自主创新的能力不断增强，使得高新技术产业中内资企业的规模不断扩大，2011 年内资企业总产值占比达到 37.3%。

① 资料来源：《中国高技术产业数据》(2012 年)，中国科技统计网，http：//www.sts.org.cn，经作者计算所得。

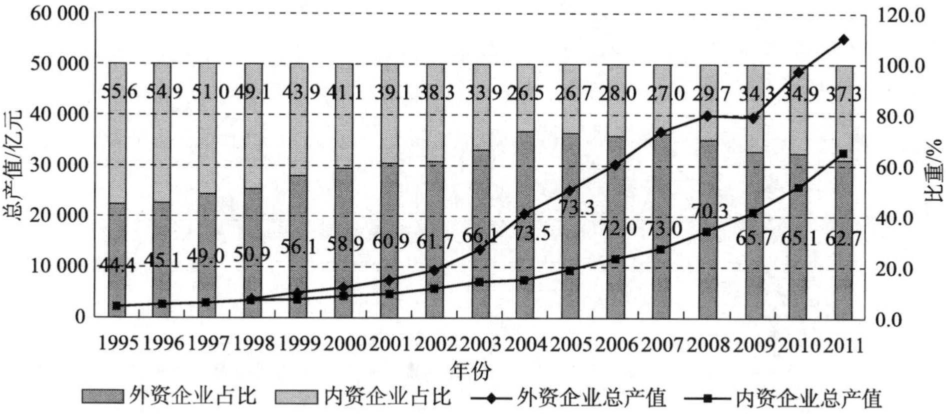

图 2-5 高新技术产业内外资总产值及比重变化（1995～2011 年）

资料来源：《中国高技术产业统计年鉴》(2002～2012 年)，北京：中国统计出版社，经作者计算所得

注：由于高新技术产业外资企业数据从 2011 年才开始统计，2011 年之前统计的是三资企业数据，所以本节用三资企业数据近似代替外资企业数据。

从高新技术产业从业人员数量的对比变化来看（图 2-6），1995～2011 年外资企业的从业人员数量呈不断增长的趋势（除了 2009 年有所下降），从 1995 年的 70.7 万人增长到 2011 年的 680.3 万人，总计增长 609.6 万人，但是从业人员数量的增长在 2001 年之前较为缓慢，2001 年之后则增长迅速。内资企业的从业人员数量变化呈 U 形，第一阶段是 1995～2001 年，从业人员数量不断下降，共减少 114.5 万人；第二阶段是 2001～2011 年，从业人员数量不断上升，共增长 203.9 万人。高新技术产业内外资企业从业人员数量呈现这种变动趋势的原因在于，2001 年之前中国高新技术产业对外开放度不高，内资企业处于主导地位，但是外资的进入会在人员方面与内资企业产生竞争，外资企业的优厚待遇，使内资企业产生人员流失；而 2001 年以来，中国加入 WTO 为外资企业的投资创造优越的条件，高新技术产业中的外资企业大量进入，吸收了大量的劳动力就业，同时，内资企业在与外资企业的竞争中不断学习先进经验，内资企业实力、待遇和发展空间越来越好，通过内外资企业之间的人员流动、企业规模壮大而吸收人才，使得内资企业的从业人员数量也呈现上升趋势。

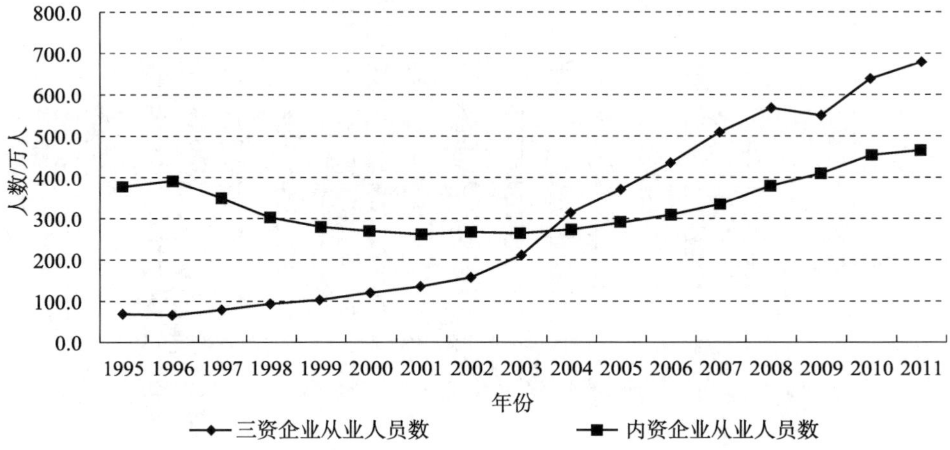

图 2-6　高新技术产业内外资企业从业人员数变化（1995～2011 年）

资料来源：《中国高技术产业统计年鉴》（2002～2012 年），北京：中国统计出版社，经作者计算所得。

第二节　中国高新技术产业技术创新现状及趋势

一、中国高新技术产业技术创新的产出规模

技术创新的产出通常表现为专利和新产品，本节选取专利申请数和新产品销售收入两个指标来分析中国高新技术产业技术创新的产出规模及变化趋势。

从新产品销售收入和专利申请数来看，中国高新技术产业技术创新的产出规模变化一直呈现上升趋势（除 2009 年新产品销售收入有所下降以外），两者的变化路径基本一致。以 2001 年为分界点，1995～2001 年，新产品销售收入和专利申请数增长较为缓慢，其中新产品销售收入增长 2337.5 亿元，专利申请数增长 2767 项；2001～2011 年，新产品销售收入和专利申请数增长速度较快，其中新产品销售收入增长 17 508.6 亿元，专利申请数增长 74 346 项（图 2-7）。

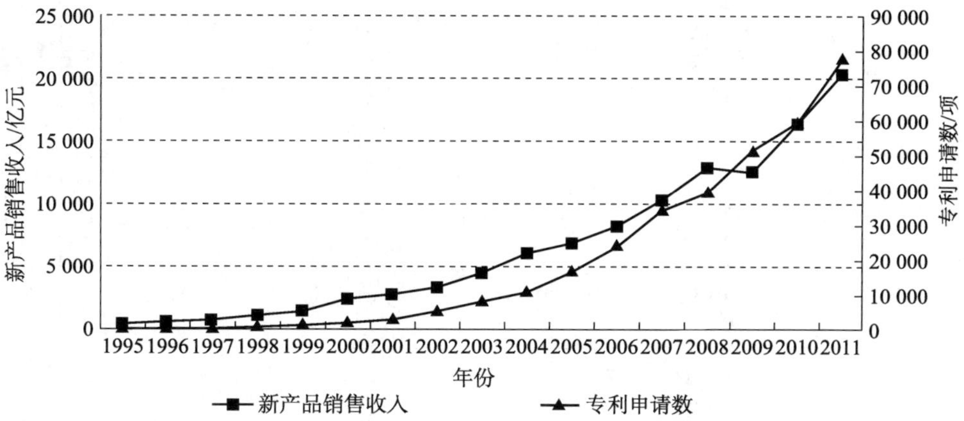

图 2-7　高新技术产业技术创新产出规模及变化（1995～2011 年）

资料来源：《中国高技术产业统计年鉴》（2002～2012 年），北京：中国统计出版社，经作者计算所得，本节其他数据来源与此相同。

中国高新技术产业中企业所有权结构不同，不同类型企业的技术创新投入产出特征存在显著差异。如图 2-8 所示，1995～2011 年中国高新技术产业内外资企业的专利申请数都一直处于增长趋势，其中，2001 年以前，中国高新技术产业刚刚起步，内外资企业的专利申请数增长缓慢，总量极低；2001 年以来，内外资企业的专利申请数增速较快。从专利申请数总量来看，内资企业一直高于外资企业。从专利申请数的相对比重变化来看，2004 年以前，外资企业专利申请数的比重波动上升，内资企业的比重波动下降；2004 年以来，内外资企业专利申请数的比重相对稳定，外资企业的比重在 35%左右，内资企业的比重在 65%左右。

专利是 R&D 创新活动的实现，新产品是 R&D 创新成果在经济上的实现，即新成果的商业化，所以新产品销售收入更能反映技术创新能力。如图 2-9 所示，1995～2011 年高新技术产业内外资企业新产品销售收入的变化趋势与专利申请数的变化趋势基本一致。与专利申请数相反，1999 年以来，外资企业的新产品销售收入的绝对量一直高于内资企业，并且增速明显快于内资企业，其中，2011 年，外资企业的新产品销售收入为 13 508.1 亿元，比内资企业多

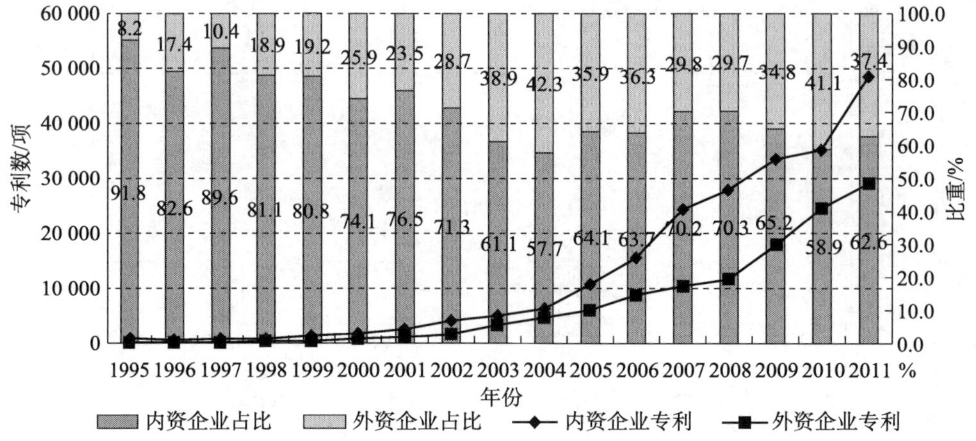

图 2-8 高新技术产业内外资企业专利申请数对比（1995～2011 年）

出 6631.6 亿元，几乎为内资企业的 2 倍。从内外资企业的新产品销售收入的比重变化来看，1995～2001 年外资企业占比不断增大，从 1995 年的 23.6％增大到 2001 年的 63.8％，2004 年以来，外资企业新产品销售收入占比稳定在 65％左右。这也进一步说明了外资企业在中国高新技术产业技术创新中处于绝对的主导地位，虽然内资企业的专利申请数较多，但是专利的商业化能力较弱。

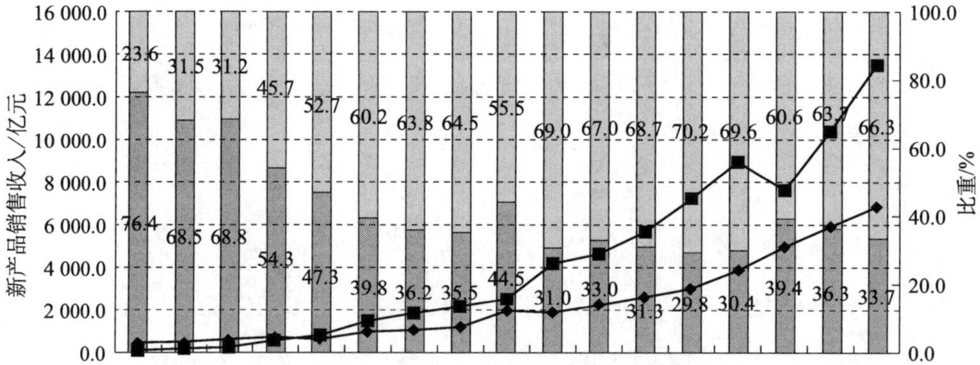

图 2-9 高新技术产业内外资企业新产品销售收入对比（1995～2011 年）

从高新技术产业不同所有制企业的专利申请数对比变化来看（图 2-10），1995～2011 年国有企业和非国有企业（包括民营企业和外资企业）的专利申请数都呈上升趋势。1999 年以来非国有企业的专利申请数一直高于国有企业（除了 2006 年以外），并且有不断拉大的趋势。2011 年国有企业的专利申请数为22 683项，非国有企业的专利申请数为 55 042 项，为国有企业的 2 倍多。从国有企业和非国有企业的专利申请数相对比重变化来看，1995～2003 年国有企业所占比重一直呈现下降趋势，原因在于高新技术产业的深化所有制改革，使得国有企业的数量和比重都不断下降，从 1999 年的 77.6%下降到 2003 年的 12.2%，2004～2011 年国有企业的比重在 30%左右波动。

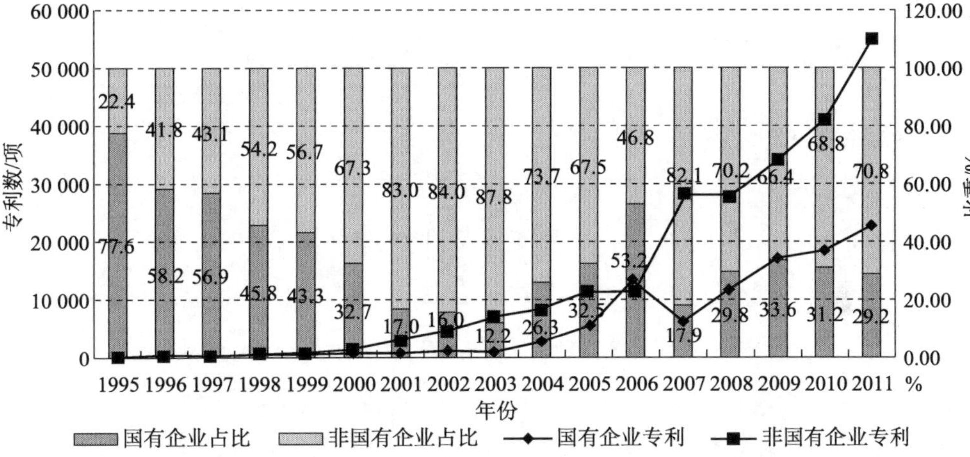

图 2-10　高新技术产业国有企业与非国有企业专利申请数对比（1995～2011 年）

从国有企业与非国有企业的新产品销售收入的对比来看（图 2-11），1999～2011 年的变化趋势与专利申请数的变化趋势基本一致。从国有企业和非国有企业的新产品销售收入相对比重变化来看，1995～2003 年国有企业所占比重一直呈现下降趋势，从 1995 年的 64.6%下降到 2003 年的 13.8%，2004～2011 年国有企业的比重在 20%左右波动。

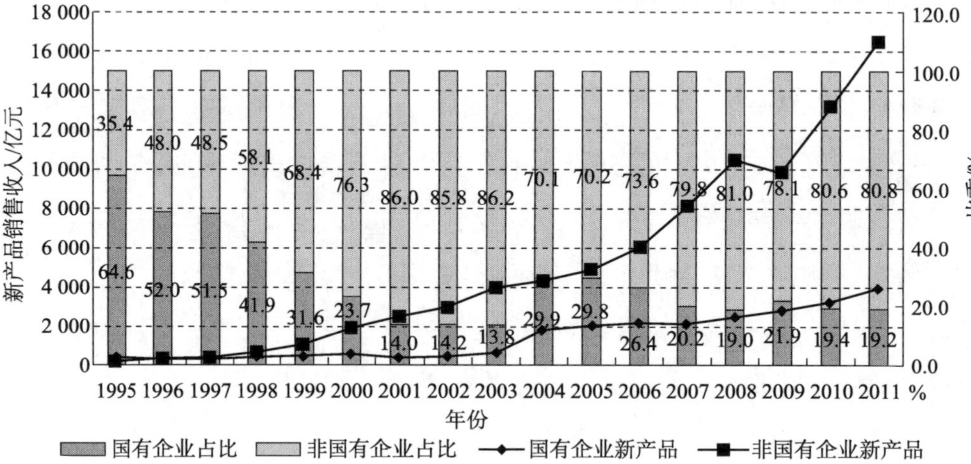

图 2-11　高新技术产业国有企业企业与非国有企业新产品销售收入对比（1995～2011 年）

二、中国高新技术产业技术创新的投入规模

技术创新过程与物质生产过程类似，也是一种资本和劳动力的投入过程，衡量技术创新投入的最重要指标是 R&D 经费投入和 R&D 人员投入。

从高新技术产业的 R&D 经费支出变化来看（图 2-12），1995～2011 年 R&D 经费支出一直处于较快的增长势头，从 1995 年的 17.8 亿元增长到 2011 年的 1237.8 亿元，年均增长 30.4%。而 R&D 活动人员投入波动增长，从 1995 年的 57 838 人年增长到 2011 年的 426 718 人年，年均增长 13.3%。从技术创新投入总量来看，增速较快，但是并不能说明中国高新技术产业的技术创新能力很强。从国际通行的相对指标 R&D 强度的比较来看，中国高新技术产业的 R&D 强度还很低（图 2-13），R&D 强度从 1995 年的 0.43 提高到 2011 年的 1.41。R&D 强度的提高较为缓慢，这在一定程度上影响了中国高新技术产业的创新能力的提升。

1995～2011 年，中国高新技术产业中外资企业的 R&D 经费由 2.4 亿元增加至 449.0 亿元，内资企业 R&D 经费由 15.4 亿元增至 788.8 亿元。如图 2-14 所示，外资企业 R&D 经费支出一直低于内资企业，近 5 年来内资企业 R&D 经

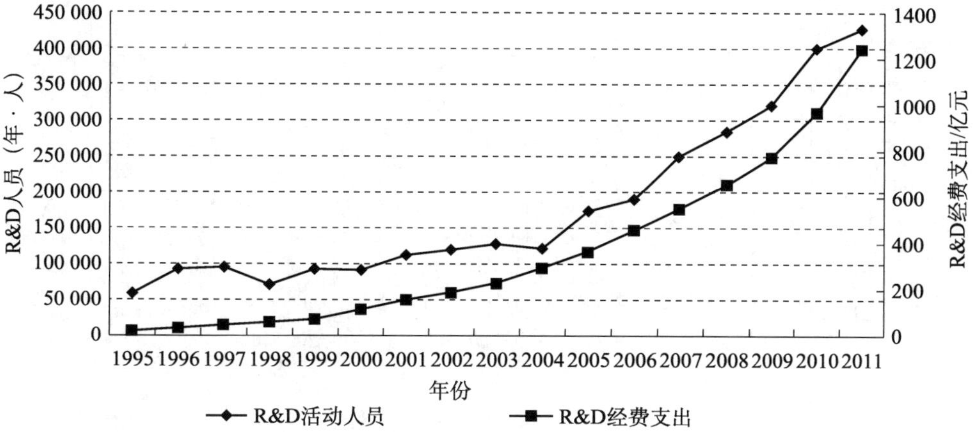

图 2-12　高新技术产业 R&D 人员和 R&D 经费投入规模（1995～2011 年）

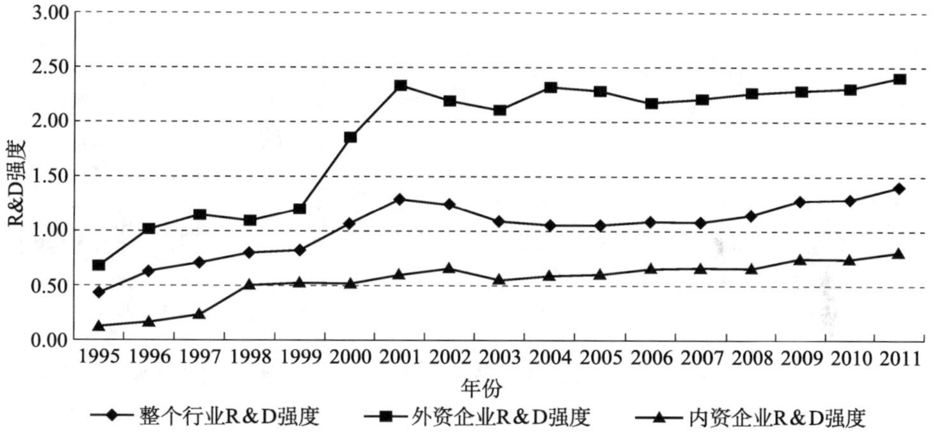

图 2-13　高新技术产业的 R&D 强度（1995～2011 年）

费支出的增速明显快于外资企业。从高新技术产业内外资 R&D 经费支出的相对比重来看，外资企业的占比从 1995 年的 13.5%波动上升到 2007 年的 44.5%，2007～2011 年，内资企业的占比又有所回升，2011 年达到了 63.7%。如图 2-15 所示，1995～2011 年，中国高新技术产业中外资企业的 R&D 人员由 2477 人年增加至 157 800 人年，内资企业 R&D 人员由 55 361 人年增加至 268 918 人年。其中，外资企业 R&D 人员的相对比重一直不断提高（除 2011 年略有下降以外），1995 年，外资企业 R&D 人员占比为 4.3%，2011 年达到 37.0%。

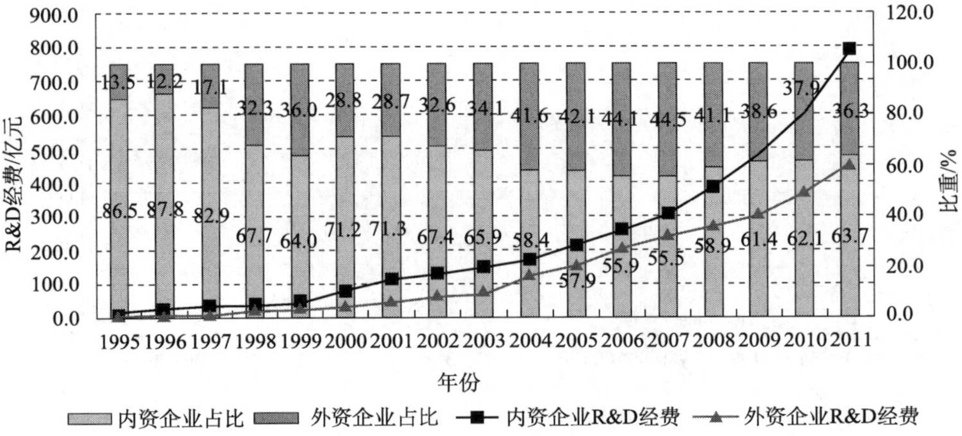

图 2-14　高新技术产业内外资企业 R&D 经费对比（1995～2011 年）

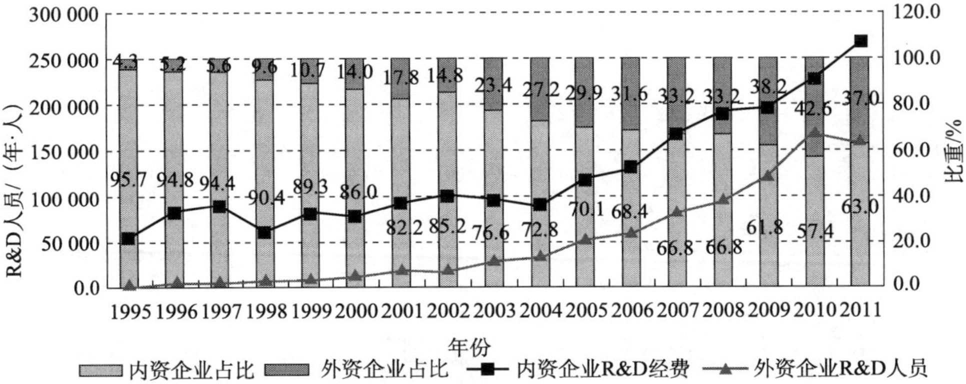

图 2-15　高新技术产业内外资企业 R&D 人员对比（1995～2011 年）

尽管内资企业 R&D 经费支出和 R&D 人员的绝对量一直高于外资企业，但是外资企业的 R&D 强度一直明显高于内资企业。如图 2-13 所示，1995 年内资企业的 R&D 强度为 0.13，外资企业为 0.68，约为内资企业的 5 倍；2011 年，内资企业的 R&D 强度为 0.81，外资企业为 2.41，几乎为内资企业的 3 倍。这表明了内资企业的 R&D 投入更大，但 R&D 效率较低。分析其原因，高新技术产业是技术和知识密集型的行业，外资企业的研发中心可以从母公司获得先进技术和最新专利，使得其拥有雄厚的研发基础和先进的研发平台。外资企业的高 R&D 效率也是其人力资本优势的体现，外资企业拥有较为合理的科技人员结构和更多的高端研发人才，外资企业的研发中心大多采取独资形式，以进行技术保密和获取技术领先收益，导致外资企业向内资企业的技术扩散效果并不理想。而内资企业由于技术基础相对薄弱，自身的科技人员的培养能力不足，很难培养高素质科技人才，同时，经常在与外资企业进行人才竞争过程中发生科技人员流失，造成内资企业的 R&D 效率明显低于外资企业。

第三节　高新技术产业技术创新的国际比较

一、高新技术产业规模的国际比较

2003～2010 年，中国高新技术产业总产值呈现较快的增长速度，从 2003 年的 20 556 亿元增加到 2010 年的 74 709 亿元，年均增长速度为 20.2%。表 2-1 给出了世界主要国家高新技术产业的总产值和增加值。2006 年，中国高新技术产业总产值为 5267.0 亿美元，仅次于美国的 7063.6 亿美元，超过日本的 4095.2 亿美元、德国的 1912.0 亿美元、英国的 1168.9 亿美元，中国高新技术产业产出规模已经位于世界前列。其中，2009 年，中国高新技术产业总产值达到 8845.9 亿美元，超过美国的 7276.9 亿美元，位居世界第一位。

表 2-1　世界主要国家高新技术产业总产值和增加值（2006 年）（单位：亿美元）

产值	中国	美国	日本	德国	法国	英国	韩国
总产值	5267.0	7063.6	4095.2	1912.0	1614.7	1168.9	1989.8
增加值	1261.2	3024.5	1507.3	741.4	393.5	484.4	558.6

资料来源：《科技统计资料汇编》（2008～2012 年）。

与其他发达国家类似，中国高新技术产业在制造业中也占有重要地位。如表 2-2 所示，世界主要国家高新技术产业总产值占制造业总产值的比重相差不大，各国比重都呈逐渐下降趋势。其中，2003～2008年，美国高新技术产业总产值占制造业的比重下降了1.3百分点，日本下降了2.2百分点，而中国下降了3.2百分点，下降幅度最大。分析其原因可能在于一方面是制造业其他部门的增长较快，另一方面是高新技术产业增速放缓，如2004年中国高新技术产业总产值增长35.1%，而2010年仅为23.6%，增速下降了11.5百分点。

表2-2　世界主要国家高新技术产业总产值占制造业总产值的比重（单位：%）

国家	2003年	2004年	2005年	2006年	2007年	2008年	2009年	2010年
中国	16.1	15.8	15.8	15.3	14.3	12.9	12.6	12.3
美国	14.8	14.2	13.7	13.6	13.8	13.5	15.0	—
日本	15.9	15.8	14.8	14.4	14.4	13.7	—	—
德国	9.9	9.7	9.8	9.8	10.4	—	—	—
法国	15.8	15.2	15.3	15.4	15.1	—	—	—
英国	15.0	14.3	14.3	14.3	14.1	—	—	—
韩国	20.7	20.7	19.5	19.2	—	—	—	—

资料来源：《中国高新技术产业数据》（2011～2012年），中国科技统计网，http：//www.sts.org.cn/sjkl/gjscy/index.htm.

注："—"代表数据缺失。

在中国高新技术产业产出规模不断扩大的同时，高新技术产业出口额也持续快速增长，从2001年的464.5亿美元增加到2012年的6012亿美元，年均增长26.2%，高新技术产业出口额高居世界第一位。由于中国劳动力低成本和产出规模效应的原因，在高新技术产业国际分工中，我国承接了发达国家高新技术产业转移，高新技术产业链中的加工组装制造环节逐步向中国转移，高新技术产品制成后再出口到其他国家，从而进一步促进了中国高新技术产业的出口快速增加。如表2-3所示，世界7个主要国家高新技术产业出口额和高新技术产业出口额占制造业出口额比重的对比情况表明，2009年，中国高新技术产业出口额为3483.0亿美元，高新技术产业出口额占制造业出口额的比重为27.5%，都位居世界前列，中国已经成为世界高新技术产业出口大国。

表 2-3　世界主要国家高新技术产业出口（2009 年）

出口额及比重	中国	美国	日本	德国	法国	英国	韩国
高新技术产业出口额/亿美元	3483.0	1415.2	992.1	1424.5	838.3	571.8	1034.0
高新技术产业出口额占制造业出口额的比重/%	27.5	21.5	18.8	15.3	22.6	21.8	28.7

资料来源：《科技统计资料汇编》（2012），《中国高技术产业统计年鉴》（2013）。

注：受统计数据的限制，为了统一口径，故选取 2009 年。

前面的分析表明，目前中国已经成为世界高新技术产业产值创造和出口大国，但是，这并不能说明中国是世界高新技术产业的强国，需要进一步分析中国高新技术产业的技术创新能力以及高新技术产品的国际竞争力。

二、高新技术产业研发强度的国际比较

近年来，随着中国高新技术产业的总产值和出口总额的快速增长，政府和企业高度重视高新技术产业的技术创新能力和国际竞争力，不断加大 R&D 经费投入力度，2012 年，中国高新技术产业 R&D 经费支出规模达到 1491.5 亿元，R&D 经费支出总量已经跃居世界前列。但是，中国高新技术产业的 R&D 强度远远低于世界主要发达国家，严重影响了高新技术产业的技术创新能力。以 2006 年为例①，七个主要国家高新技术产业 R&D 经费内部支出额和高新技术产业 R&D 强度的对比情况如表 2-4 所示。

表 2-4　中国与世界主要国家高新技术产业研发投入比较（2006 年）

研发投入及比重	中国	美国	日本	德国	法国	英国	韩国
R&D 经费内部支出/亿美元	57.2	1162.2	407.5	148.1	125.7	109.7	149.4
R&D 强度/%	1.1	16.5	10.6	8.3	7.8	11.1	6.0
高新技术产业 R&D 经费占制造业的比重/%	29.4	67.3	42.3	34.3	48.5	65	59.7

资料来源：《科技统计资料汇编》（2009～2012 年）、《中国高新技术产业统计年鉴》（2009～2013 年）、《中国高新技术产业数据》（2009～2013 年）。

注：研发强度为高新技术产业 R&D 经费内部支出占总产值的比重。

① 受统计数据的限制，为了统一口径，故选取 2006 年。

表 2-4 中的数据显示，与世界主要发达国家相比，中国高新技术产业研发支出水平仍存在很大差距。2012 年，中国高新技术产业的 R&D 强度为 1.68%，R&D 经费占制造业的比重为 26.3%，远远不及美国、日本、欧盟及韩国等发达国家或地区的水平（2006 年）。这一方面说明中国高新技术产业产出的快速增长仍依赖于组装制造活动扩大，而不是自主创新能力的提升，高科技产品的核心竞争力不足；另一方面说明中国仍需要加大高新技术产业研发的投入力度，不断推动中国高新技术产业自主创新能力的提高。

三、高新技术产业劳动生产率的国际比较

全员劳动生产率代表了高新技术产业技术创新的效率，尽管产值和从业人员总量在迅速增长，但是与世界主要发达国家相比，中国高新技术产业的劳动生产率仍然有较大差距。以 2006 年为例，六个主要国家高新技术产业全员劳动生产率的对比情况如表 2-5 所示。

表 2-5　中国与世界主要国家高新技术产业全员劳动生产率比较（2006 年）（单位：万美元）

劳动生产率	中国	美国	日本	德国	法国	意大利
制造业	1.43	10.93	8.38	8.17	7.93	6.00
高新技术产业	1.69	14.34	10.68	10.18	12.42	7.79

资料来源：《中国高新技术产业数据》（2008～2013 年）。

注：①全员劳动生产率是人均增加值；

②受统计数据的限制，为了统一口径，故选取 2006 年。

表 2-5 中的数据显示，从整个制造业和高新技术产业来看，劳动生产率都远远低于发达国家。2006 年，中国高新技术产业的劳动生产率仅为 1.69 万美元。而美国、日本、德国、法国等国家都超过了 10 万美元。这一方面反映了中国高新技术产业从业人员的素质存在差距，另一方面也反映了中国高新技术产业仍然处于产业价值链的下游，研发创新能力弱，更多从事产品的组装、加工等附加价值较低的环节。因此，不断提升高新技术产业从业人员的知识水平及研发创新能力，是提升劳动生产率的关键。

第四节 本章小结

本章重点分析了我国高新技术产业技术创新现状、发展趋势并进行了国际比较。首先从产出规模、劳动力规模、进出口贸易状况、内外资规模等四个方面分析了我国高新技术产业的总体发展现状和趋势；然后，以专利、新产品销售收入、R&D经费和R&D人员为例，分析了我国高新技术产业技术创新的投入产出现状和趋势；最后，从产出规模、研发强度和劳动生产率等三个方面进行了高新技术产业技术创新的国际比较。总体来看，近年来我国高新技术产业规模不断壮大，技术创新投入和产出的增速较快，总量已经居于世界前列，但是，从研发投入强度、劳动生产率等相对指标来看却远远低于世界主要发达国家，距离成为高新技术产业强国还有很长的路要走。

第三章
高新技术产业不同行业的技术创新效率测度

高新技术产业作为知识经济活动中技术创新最为活跃的产业，正深刻地改变着世界经济结构。“十二五”时期是我国加快新型工业化进程、全面推进创新型国家建设的关键时期，大力发展高新技术产业，对于我国优化产业结构、转变经济增长方式、培育国家竞争优势具有战略性的意义。近年来，中国高新技术产业的技术创新投入产出都实现了快速增长，1995～2011年，高新技术产业的R&D经费从17.8亿元增加到1237.8亿元，年均增长30.4%；专利申请数从612项增加到77 725项，年均增长35.4%。但是，中国高新技术产业不同行业的技术创新规模却存在显著差异，从专利申请数分布来看，2011年电子及通信设备制造业位居第一位，所占比重达到63.5%，电子计算机及办公设备制造业位居第二位，所占比重为14.4%，而航空航天器制造业比重最小，所占比重仅为3.1%。从研发强度分布来看，航空航天器制造业位居第一位，为7.5%，电子及通信设备制造业为1.61%，位居第二位，而电子计算机及办公设备制造业的研发强度最低，为0.72%。在注重创新资源的总量投入快速增长的同时，我国高新技术产业的技术创新效率如何、不同行业之间的效率差异，以及产生效率差异的原因，是值得我们关注的方面。因此，本章对中国高新技术产业不同行业的技术创新效率进行测度，并分析效率的影响因素及作用机制，找出行业之间效率差异的原因，提出具有科学性的对策建议。

第一节　中国高新技术产业不同行业的技术创新差异

根据《中国高技术产业统计年鉴》统计资料整理公布的行业划分，如表 3-1 所示，高新技术产业可以划分为五大类行业，并进一步细分为 17 个子行业。行业自身的特征使得不同行业的技术创新投入、产出和效率等存在较大差异。由于航天器制造业和雷达及配套设备制造业数据缺失较多，本节选取其余 15 个子行业对其技术创新的投入产出的差异进行比较分析。

表 3-1　高新技术产业的行业划分

<table>
<tr><th>序号</th><th>子行业</th><th>大类行业</th><th>序号</th><th>子行业</th><th>大类行业</th></tr>
<tr><td>1</td><td>化学药品制造业</td><td rowspan="3">医药制造业</td><td>9</td><td>家用视听设备制造业</td><td rowspan="3">电子及通信设备制造业</td></tr>
<tr><td>2</td><td>中成药加工业</td><td>10</td><td>其他电子设备制造业</td></tr>
<tr><td>3</td><td>生物生化制品制造业</td><td></td><td>雷达及配套设备制造业</td></tr>
<tr><td>4</td><td>飞机制造及修理业</td><td rowspan="2">航空航天器制造业</td><td>11</td><td>电子计算机整机制造业</td><td rowspan="3">电子计算机及办公设备制造业</td></tr>
<tr><td></td><td>航天器制造业</td><td rowspan="2">12</td><td rowspan="2">电子计算机外部设备制造业</td></tr>
<tr><td>5</td><td>通信设备制造业</td><td rowspan="4">电子及通信设备制造业</td></tr>
<tr><td>6</td><td>广播电视设备制造业</td><td>13</td><td>办公设备制造业</td><td rowspan="3">医疗设备及仪器仪表制造业</td></tr>
<tr><td>7</td><td>电子器件制造业</td><td>14</td><td>医疗设备及器械制造业</td></tr>
<tr><td>8</td><td>电子元件制造业</td><td>15</td><td>仪器仪表制造业</td></tr>
</table>

1995 年和 2011 年高新技术产业不同行业的专利申请数比重如图 3-1 所示，新产品销售收入的比重如图 3-2 所示。1995～2011 年，高新技术产业不同行业的专利申请数和新产品销售收入的绝对量都有所增长，但是相对比重却发生了很大变化。1995 年，化学药品制造业、医疗设备及器械制造业、飞机制造及修理业的专利申请数比重位居前三位，分别占 34.94%、13.60%和 13.08%；2011 年，专利申请数比重位居前三位的变成了通信设备制造业、电子器件制造业、电子元件制造业，分别占 31.02%、12.93%和 9.84%。1995 年，家用视听设备制造业、通信设备制造业、飞机制造及修理业的新产品销售收入比重位居前三

位，分别占25.93%、23.93%和11.73%；2011年，通信设备制造业、电子计算机整机制造业、电子计算机外部设备制造业的新产品销售比重位居前三位，分别占23.00%、16.76%和16.35%，而飞机制造及修理业的比重下降到2.30%、家用视听设备制造业的比重下降到9.47%。

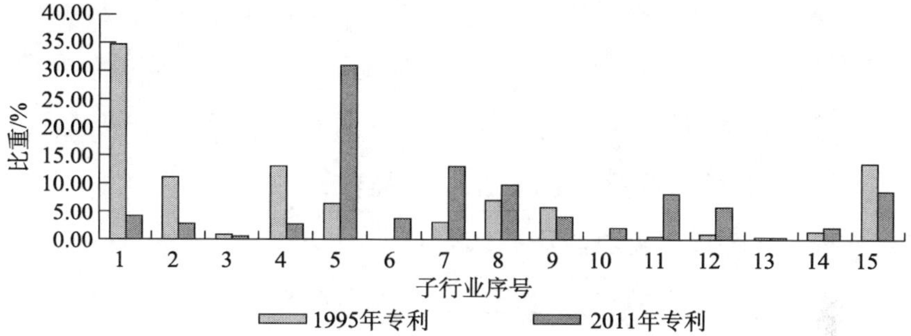

图 3-1　高新技术产业子行业的专利比重

资料来源：《中国高技术产业统计年鉴》(2002～2010年)，北京：中国统计出版社，并经作者计算和整理．

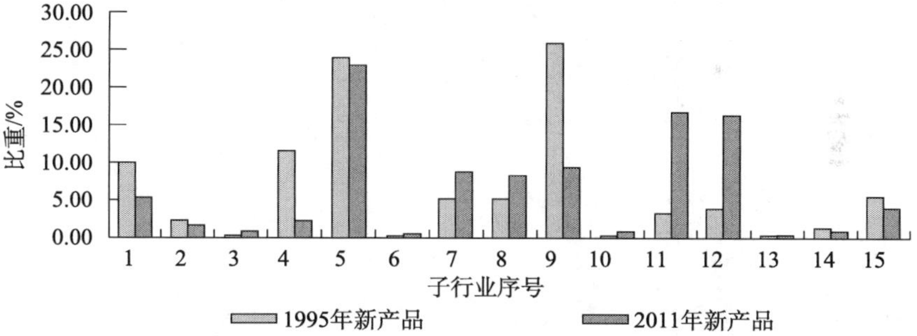

图 3-2　高新技术产业子行业的新产品比重

资料来源：《中国高技术产业统计年鉴》(2002～2010年)，北京：中国统计出版社，并经作者计算和整理．

从以上的分析可以看出，高新技术产业不同行业的技术创新产出差异巨大，高新技术产业内部的行业结构持续变化。近年来电子及通信设备制造业已经成为发展最快、技术创新产出最大的行业，由于电子及通信设备制造业是外资比重最高的行业，外资企业具有先进的技术和较强的研发能力，产品更新速度较快，促进了行业竞争，同时激发了内资企业的创新动力，使得新技术和新产品日新月异，创新产出占到了整个高新技术产业的50%以上。而医药制造业和航空航天制造业中的产业规制和国有产权比重大，行业内部的竞争不充分，特别是外资进入有限，导致其技术创新产出增速较慢。

1995年和2011年高新技术产业不同行业的R&D经费内部支出比重如图3-3所示，R&D人员全时当量（人年）的比重如图3-4所示。1995年，高新技术产业不同行业R&D经费内部支出比重前三位的行业是飞机制造业及修理业(32.86%)、化学药品制造业（20.40%）和通信设备制造业（12.46%），排名后三位的行业是其他电子设备制造业（0.06%）、办公设备制造业（0.23%）和广播电视设备制造业（0.51%）；2011年，R&D经费内部支出比重排名第一位的是通信设备制造业（27.46%），而其他电子设备制造业的比重上升到了1.56%；1995～2011年，两个行业的R&D经费内部支出增幅分别达到了38.19%和61.10%，其中其他电子设备制造业的增速为各个行业之首。与R&D经费内部支出的变化趋势相似，1995年，飞机制造业及修理业和化学药品制造业的R&D人员的比重最高，分别占40.22%和13.60%；2011年，通信设备制造业的R&D人员的比重居首，比重为29.08%。

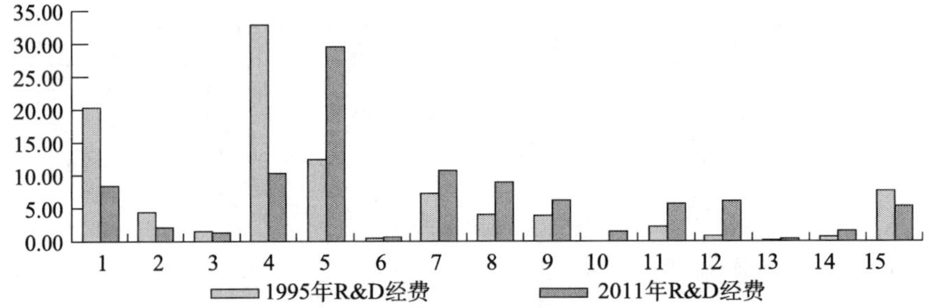

图 3-3　高新技术产业子行业的R&D经费比重

资料来源：《中国高技术产业统计年鉴》（2002～2010年），并经作者计算和整理，北京：中国统计出版社．

从R&D经费和R&D人员比重变动来看，与技术创新产出趋势相似，

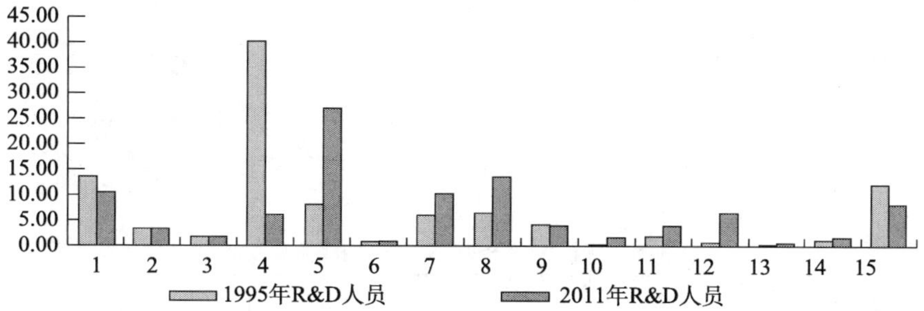

图 3-4　高新技术产业子行业的 R&D 人员比重

资料来源：《中国高技术产业统计年鉴》(2002～2010 年)，并经作者计算和整理，北京：中国统计出版社．

通信设备制造业、电子器件制造业和电子元件制造业是技术创新投入增长较快的行业，这与产业自身的大量市场需求、外资企业的大量进入加速行业竞争直接相关。而飞机制造业及修理业和化学药品制造业等行业的技术创新投入总量的增速较慢，在整个高新技术产业中的比重有所下降，但是依然位居前列。这些行业的市场需求有限、行业规模不大、产业规制和准入限制较多，行业竞争不足，内资企业占主导地位，导致技术创新投入的来源单一。

前面分析了高新技术产业不同行业的技术创新投入产出比重变化，为了进一步分析不同行业的技术创新投入差异，我们选择国际上通行的指标研发强度，如表 3-2 所示，给出了 1995 年和 2011 年高新技术产业 15 个子行业的研发强度及位次。总的来看，飞机制造及修理业的研发强度一直位居各个行业之首，1995 年为 2.28，2011 年为 7.03，远远高于其他行业，原因一方面是飞机制造及修理业是政府重点扶持和发展的行业，国有企业比重很大，政府研发经费投入高，尖端技术的研发非常受重视；另一方面是行业的市场需求不大，行业规模较小。研发强度增长较快的行业有通信设备制造业、医疗设备及器械制造业和家用视听设备制造业，2011 年这三个排名分别为 2、3、4 位，高于或接近整个高新技术产业的平均水平，与前面的分析吻合。这些行业也是研发投入比重较高的行业，近些年来，以互联网为代表的信息产业的快速发展和医疗领域对高端医疗设备的需求快速增长，同时不断消除的外资进入壁垒，使得行业竞争非常充分，新技术和新产品更新很快。这些行业十分重视研发投入，研发强度增长较快。而整个医药制造业的研发强度下滑较大。

表 3-2　高新技术产业不同行业的研发强度　（单位：%）

序号	行业	1995 年（位次）	2011 年（位次）
1	化学药品制造业	0.51（4）	1.38（5）
2	中成药制造业	0.31（8）	0.72（14）
3	生物生化制品的制造业	0.58（2）	1.09（9）
4	飞机制造及修理业	2.28（1）	7.03（1）
5	通信设备制造业	0.33（7）	2.97（2）
6	广播电视设备制造业	0.45（5）	1.20（6）
7	电子器件制造业	0.34（6）	1.12（8）
8	电子元件制造业	0.16（10）	0.89（11）
9	家用视听设备制造业	0.10（13）	1.41（4）
10	其他电子设备制造业	0.01（15）	1.08（10）
11	电子计算机整机制造业	0.26（9）	0.60（15）
12	电子计算机外部设备制造业	0.07（14）	0.87（12）
13	办公设备制造业	0.12（12）	0.75（13）
14	医疗设备及器械制造业	0.16（11）	1.49（3）
15	仪器仪表制造业	0.52（3）	1.19（7）
	行业平均	0.41	(1.59)

注：研发强度为高新技术产业各个行业的 R&D 经费内部支出占总产值的比重。

总体来看，我国高新技术产业的技术创新投入产出存在比较明显的行业差异，尽管从总量来看，技术创新投入产出都有所增长，但是，各个行业的技术创新效率如何？引起行业间技术创新效率差异的因素有哪些？影响程度有多大？这些需要进一步检验和证实。

第二节 高新技术产业技术创新效率的相关研究

有关技术创新效率的内涵学术界还没有权威的界定，技术创新效率实际上就是测度创新投入与创新产出之间的转换关系的一种技术效率。目前，效率问题的研究普遍采用前沿效率分析（frontier efficiency analysis），主要有两类方法，一类是非参数方法，以数据包络分析法为代表；另一类是参数方法，以随机前沿生产函数法为代表。对于高新技术产业技术创新效率的研究也主要以这两类方法为主，而这方面的研究文献相对较少，主要的研究文献有朱有为和徐康宁（2006）利用 SFA 方法测算了中国高新技术产业的研发效率，并考察了企业规模、市场结构和所有权结构等因素对研发效率的影响。刘志迎和叶蓁（2006）基于 DEA-Malmquist 指数方法分析了高新技术产业 17 个行业发展过程中技术效率和总量增长的情况。刘志迎等（2007）根据生产率与效率理论，采用 SFA 方法分析了中国高新技术产业发展过程中技术效率和总量增长模式的情况。官建成和陈凯华（2009）通过将 DEA 方法的松弛测度模型和临界效率模型结合起来测度了中国高新技术产业创新活动的技术效率、纯技术效率和规模效率，同时对无效的投入和产出进行了具体量化。李新春等（2010）通过构造相同的前沿生产函数测算了中国 1998～2007 年高技术产业的创新研发投入中资金和劳动的单要素效率，并与非高新技术产业进行了比较。李向东等（2011）以 1995～2006 年中国高新技术产业 17 个细分行业的研发面板数据为基础，应用 SFA 和 DEA 两种方法实证测算了高新技术产业的研发创新效率。

已有文献对高新技术产业技术创新效率进行了较为系统深入的研究，对本章研究的展开具有重要的借鉴意义。然而，现有文献对高新技术产业技术创新效率的研究均采用 SFA、二阶段 DEA 等方法，未能剔除环境和随机误差的影响，不能客观体现生产单元的决策与管理水平，进而真实反映企业的管理效率。

因此，本章基于中国高新技术产业 2001～2009 年的面板数据，使用三阶段 DEA 模型①更加精确地测度中国高新技术产业技术创新效率。同时，分析影响中国高新技术产业技术创新效率的主要因素，为政府和企业决策提供可靠依据。

第三节　高新技术产业技术创新效率的测度方法与指标

一、高新技术产业技术创新效率的测度方法

DEA 方法最早是由 Charnes、Cooper 和 Rhodes（1978）在固定规模报酬假设下提出的一种效率测度法，称为 CCR 模式。Varian（1984）在理论方面、Fare 等（1985）在应用方面进行了发展和完善。DEA 通过线性规划的方法构造生产前沿面，对技术效率进行评价。DEA 的优点是无需估计企业的生产函数，从而避免了生产函数形式错误引起的问题。其在产业效率研究中得到广泛应用的同时，也暴露出模型在环境变量上存在的一些问题。为测度环境变量对决策单元效率的影响程度，Fried 等（2002）提出了能够排除环境变量和误差因素的 DEA 三阶段模型。DEA 三阶段模型由以下三部分构成。

1. 第一阶段：传统的 DEA 模型

在第一阶段的一般 DEA 分析中，采用 Banker、Charnes 和 Cooper（1984）提出的修正模型——BCC 模型。BCC 模型把固定规模报酬的假设改为可变规模报酬，从而将 CCR 模型中的技术效率分解为规模效率和纯技术效率。这样，BCC 模式就把造成技术无效率的两个原因，即未处于最佳规模和生产技术上的

① 三阶段 DEA 模型广泛应用其他行业的研究，如 Lee（2008）、黄宪等（2008）、郭军华等（2010）、陶长琪和王志平（2011）。

低效率分离开来，得到的纯技术效率比CCR模式下的技术效率更为准确地反映了所考察对象的经营管理水平（因为排除了规模因素的制约）。BCC模型用来处理规模报酬可变（VRS）假设下的决策单元有效性问题。对于任一决策单元DMU_0，投入导向下对偶形式的BCC模型可表示为①：

$$\min_{\theta,\lambda}[\theta-\varepsilon(e^t s^- + e^t s^+)]$$

$$s.t.\quad \sum_{i=1}^{n}\lambda_i y_{ir} - s^+ = y_{0r} \tag{3-1}$$

$$\sum_{i=1}^{n}\lambda_i x_{ij} + s^- = \theta x_{0j}$$

$$\sum_{i=1}^{n}\lambda_i = 1, \lambda_i \geqslant 0, s^+ \geqslant 0 \quad s^- \geqslant 0$$

式中，$i=1, 2, \cdots, n$；$j=1, 2, \cdots, m$；$r=1, 2, \cdots, s$；n为决策单元的个数；m和s分别为输入与输出变量的个数；x_{ij}（$j=1, 2, \cdots, m$）为投入要素；y_{ir}（$r=1, 2, \cdots, s$）为产出要素；θ为决策单元DMU_0的有效值。若$\theta=1$，且$s^+=s^-=0$，则决策单元DEA有效；若$\theta=1$，且$s^+\neq 0$或$s^-\neq 0$，则决策单元为弱DEA有效；若$\theta<1$，则决策单元非DEA有效。

第一阶段DEA模型不能将外部环境因素、随机误差，以及内部管理因素对效率值的影响效果分开，此时的效率值无法反映到底是由管理原因造成的低效，还是由环境因素和随机干扰所导致的低效。

2. 第二阶段：构建类似SFA模型

由于实际的效率值可能受管理无效、环境变量和随机误差的混合影响，所以，在第二阶段将通过松弛变量（理想投入量与实际投入量之差）分析，分离

① DEA模型可以分为投入导向型和产出导向型两种。投入导向型是指在产出水平一定的情况下，使投入最小化的规划问题；产出导向型是指在投入水平一定的情况下，使产出最大化的规划问题。本质上来讲，投入导向型和产出导向型是从不同的角度来解决同一个问题，两者最终得出的结论都是一致的。由于投入的数量是决策的基本变量，且相比于产出量而言，投入量更加容易控制一些，所以许多对效率的研究都倾向于使用投入导向模型。

出管理无效率、环境无效率，以及随机误差这些可能造成松弛的因素，从而进一步调整投入值，并重新估计不受环境因素及随机误差影响的效率值。

首先根据 Fried 等（2002）所使用的调整方法，对每个投入均设定一个松弛变量的回归模型，从而允许环境变量对不同的松弛变量值有不同的影响：

$$s_{ni}=x_{ni}-X_n\lambda\geqslant 0 \quad n=1,\ \cdots,\ N;\ i=1,\ \cdots,\ I \tag{3-2}$$

式中，s_{ni} 是第一阶段第 i 个决策单元在使用第 n 个投入的松弛变量；X_n 是 X 的第 n 行；$X_n\lambda$ 是 x_{ni} 对应产出向量 y_i 在投入效率子集上的最优映射。

在此基础上，建立松弛变量与环境变量的回归模型：

$$s_{ni}=f^n(z_{ni};\beta^n)+v_{ni}+u_{ni} \qquad n=1,\cdots,N;\ i=1,\cdots,I \tag{3-3}$$

式中，$z_i=[z_{1i},\cdots,z_{ki}]\ (i=1,\cdots,I)$ 为 K 个可观测的外生环境变量，它是个别决策单元管理无效率环境解释变量的观察值；$f^n(z_{ni};\beta^n)$ 是确定可行的松弛前沿，参数向量 β^n 是需要被估计的未知参数；v_{ni} 和 u_{ni}（$u_{ni}\geqslant 0$）分别是第 K 个决策单元在第 n 个投入时，其生产过程的随机误差和管理无效率。

为进行下一步的投入调整，首先必须从 SFA 回归模型的混合误差中把随机误差从管理无效率中分离出来。通过管理无效率的条件估计 $\hat{E}[u_{ni}\mid v_{ni}+u_{ni}]$，并通过以下方式得到随机误差的估计：

$$\hat{E}[v_{ni}\mid v_{ni}+u_{ni}]=s_{ni}-z_i\hat{\beta}^n-\hat{E}[u_{ni}\mid v_{ni}+u_{ni}]$$
$$n=1,\cdots,N;\ i=1,\cdots,I \tag{3-4}$$

将那些处于相对有利的运营环境或相对好运的 DMU 值，代入调整投入的式子：

$$\hat{x}_{ni}=x_{ni}+[\max_i\{z_i\hat{\beta}^n\}-z_i\hat{\beta}^n]+[\max_i\{\hat{v}_{ni}\}-\hat{v}_{ni}]$$
$$n=1,\cdots,N;i=1,\cdots,I \tag{3-5}$$

式中，$\hat{x}_{ni}$ 和 x_{ni} 分别是调整后和所观察到的投入数量。为了使每个决策单元均面对相同的经营环境和运气，式（3-5）中用 $\max_i\{z_i\hat{\beta}^n\}$ 来表示所有 DMU 中松弛量最大的 DMU 即最没有效率的企业，从而达到所有被观察企业均处于相同的运营环境的目的。最后通过第二步调整 $\max_i\{\hat{v}_{ni}\}$，使所有 DMU 处于最不幸的状态，从而使每个 DMU 皆面临相同的运气。

3. 第三阶段：调整后的 DEA 模型

将经过第二阶段调整后的各投入变量值 $\hat{x}_{ni}$ 代入第一阶段的 BCC 模型，替代原始投入变量 x_{ni}，再次运用 DEA 计算 DMU 效率值，得出剔除环境因素与随机误差影响后更为准确反映事实的效率值。

二、高新技术产业技术创新效率的测度指标

1. 技术创新投入与产出变量

创新的含义不仅体现于 R&D 创新活动的实现，还体现在 R&D 创新成果在经济上的实现，即新成果的商业化，因此，R&D 成果和市场效益都应作为企业的创新成果。在创新活动的成果产出上，发明专利（IP）是高新技术产业 R&D 活动的直接输出，也是国际上通用的衡量技术创新的产出指标（Guan and Gao，2009），用申请授权的发明专利数作为创新活动的一个产出指标。此外，考虑到从商业上直观体现高新技术创新成果的价值，也是体现市场接受能力最好的指标（Liu and Buck，2007），因此，将新产品销售收入（SRNP）也作为创新活动的经济成果产出指标。

在创新活动投入要素上，研发经费支出（RDE）和研发人员（RDP）是 R&D 活动实现的关键因素，应作为创新投入要素。新产品开发经费（NPE）和技术改造经费（TRE）因对创新产出有着直接的影响，也应作为创新活动的投入要素。

由于创新活动属于知识生产过程，创新产出不仅取决于当期 R&D 投入流量，而且还依赖于过去时期的 R&D 投入，所以创新投入应当是 R&D 经费存量，而不是 R&D 经费投入的当期流量。R&D 经费存量计算采用如下方法得

到：首先将不同年份的R&D经费支出利用组合R&D价格指数进行平减①，平减为2001年不变价。然后在各行业的R&D经费支出数据基础上，借鉴Griliches（1990）、Coe和Helpman（1995）、Goto和Suzuki（1989）的做法，采用式（3-6）计算得到：

$$\mathrm{RDE}_{i,t}=(1-\delta)\mathrm{RDE}_{i,t-1}+E_{i,t-1} \tag{3-6}$$

式中，$\mathrm{RDE}_{i,t}$、$\mathrm{RDE}_{i,t-1}$分别为第i个行业t年、$t-1$年的R&D经费存量；$E_{i,t-1}$为$t-1$年的R&D经费支出；δ为折旧率，根据Griliches（1990）对于研发资本折旧率的估算，这里设定$\delta=15\%$。

式（3-6）中，R&D经费存量计算需要初始年份各行业的R&D经费存量$\mathrm{RDE}_{i,0}$，其计算如下：

$$\mathrm{RDE}_{i,0}=E_{i,0}/(g+\delta) \tag{3-7}$$

式中，g为研究时段内R&D经费支出年均增长率；δ为折旧率；$E_{i,0}$为初始年份R&D经费支出量。得到初始R&D经费存量后，利用永续盘存法可得到后续年份的R&D经费存量。

2. 环境变量

环境变量应选取对高新技术产业创新效率产生影响但不在样本主观可控范围的因素，它们既包括国家的宏观经济环境、政府的扶持激励政策等总体环境，同时也包括市场结构、所有制结构、规模、外资进入等行业特征因素。

（1）市场结构。国内外学者对市场结构对技术创新效率的影响意见不一，例如，Schumpeter（1943）认为，垄断与研发有着密切的联系，高市场集中度的产业更有助于激励企业的R&D努力；而Arrow（1962）则认为，竞争性环境会给企业R&D带来更大的激励。目前，多数的研究并不支持垄断性市场结构有

① 组合R&D价格指数是按照R&D经费构成中，劳务费、原材料和固定资产三者的大概比例，分别取0.4、0.3、0.3的比例，再分别乘以居民消费价格指数（CPI）、原材料动力燃料购进价格指数（PPI）、固定资产投资价格指数（FAIPI）的结果之和得到的。

利于提高创新效率的观点。对于市场结构变量，通常用市场集中度来表征，代表性的有 4 企业集中率、8 企业集中率和赫芬达尔-赫希曼指数等。但是由于相关年鉴中无法找到核算集中率的详细数据，这里采用冯根福等（2006）、朱有为和徐康宁（2006）的设计，用各行业企业数来表征。企业数不仅可以近似体现行业进入和退出壁垒的高低，还可以表征行业的竞争程度（冯根福等，2006），因而也是衡量市场结构的一项有效指标。

（2）企业规模。企业规模和创新效率的关系也存在较多争论。Chen 等（2004）认为，企业技术创新效率改善需要一定的规模经济性。Pavitt 等（1987）认为，较小和较大企业的创新效率比中等企业更高，也即创新效率和企业规模之间呈现 U 形关系。对于企业规模变量，这里采用各行业企业的平均产值来表征，其值等于各行业总产值除以企业数。

（3）所有制结构。国有企业和非国有企业面临不同的市场环境和竞争条件仍然是不争的现实。在所有制结构与技术创新效率的关系方面，研究者们的观点较为一致，即大都认为非国有企业比国有企业的创新效率更高。这里选择各行业非国有企业年末固定资产总值所占比重来表示行业的所有制结构。

（4）政府支持。在政府对高新技术产业发展的相关政策方面，财政的扶持激励政策是对技术创新的重要政策之一，而政府支持是增加了企业总的 R&D 投入还是对企业自身 R&D 投入产生了挤出效应存在不确定性，因此政府支持对高新技术产业创新效率的作用需要进一步检验。这里选择采用 R&D 经费内部支出中政府资金比例，并考虑滞后一期，来衡量政府支持对创新效率的影响。

本章使用的变量及其描述如表 3-3 所示。

表 3-3　变量定义

变量	符号	单位	定义
创新产出 1	IP	项	发明专利授权量
创新产出 2	SRNP	万元	新产品销售收入
资本投入 1	RDE	万元	R&D 资本存量，用永续盘存法核算
资本投入 2	NPE	万元	新产品开发经费存量，用永续盘存法核算

续表

变量	符号	单位	定义
人员投入	RDP	人年	R&D人员全时当量，指报告年内R&D全时人员数加非全时人员按工作量折算成全时人员数的总和
市场结构	Stru	个	企业数
企业规模	Size	亿元/个	总产值/企业数，其中总产值用相应的工业品出厂价格指数折算成2010年不变价
所有制结构	Own	1	非国有企业年末固定资产总值/行业固定资产总值
政府支持	Gov	1	政府资金/R&D经费支出，并滞后一期

3. 样本和数据

经验表明，在利用数据包络分析进行评估时，决策单元的数目越多，越能界定投入与产出间的关系，越能获得更加符合实际的效率前沿面。如果决策单元的数目低于指标变量数目的和，那么会出现较多的有效单元。一个粗糙的潜规则是决策单元的数目不小于 $\max\{3(m+s), m\cdot s\}$，其中 m 和 s 分别是投入产出指标的个数。基于此规则，选取《中国高技术产业统计年鉴》（2001～2009年）中15个细分行业的面板数据，这15个细分行业分别是医药制造业中的化学药品制造、中成药加工、生物生化制品制造，航空航天制造业中的飞机制造及修理，电子及通信设备制造业中的通信设备制造、广播电视设备制造、电子器件制造、电子元件制造、家用视听设备制造、其他电子设备制造，电子计算机及办公设备制造业中的电子计算机整机制造、电子计算机外部设备制造、办公设备制造，医疗设备及仪器仪表制造业中的医疗设备及器械制造、仪器仪表制造。以上选择剔除了仍处于高度垄断、民营资本和外资极少介入的航天航空器制造业和雷达及配套设备制造业，定位于市场化和竞争程度较高行业的分析。

由于从研发投入到新专利和新产品的诞生及商业化通常都需要一定的周期，即存在投入产出的时滞，同时各种创新活动周期存在较大差异性，且时有交叉，使得投入产出对应较难处理，目前没有一个统一的标准。发明专利也因为研发过程的复杂程度、试验周期及劳动强度等因素的差别，其时滞存在较大差异。

此外，新产品的推出不但可以依靠新专利的经济价值的实现，而且可通过非专利性创新因素（如技术改造）来实现（Liu and Buck，2007），因此同样存在时滞差异。由于多数高新技术产业研发周期存在较大差异，从通信电子和信息产业的几个月到医药和航天制造的几年不等，这里为了统一口径，都统一为 1 年。因此，投入数据为 2000～2008 年，产出数据为 2001～2009 年。

对于研发人员投入变量，采用研发人员折合全时当量（人年）进行度量。对于研发经费、新产品开发经费、技术改造经费，使用我们构建的组合 R&D 指数进行平减（2001 年不变价）。对于新产品销售收入，我们把高新技术产业划分成两类，一类是医药制造业的 3 个细分行业，另一类基本属于机械电子行业。前者新产品销售收入采用化学工业产品 2001 年不变价出厂价格指数进行平减，后者采用机械工业产品 2001 年不变价出厂价格指数进行平减。四个环境变量指标也是对各个原始数据进行相应的平减之后再进行计算整理得到的。

第四节　高新技术产业不同行业的技术创新效率分析

一、原始效率测算结果

利用 DEAP2.1 软件对中国 15 个高新技术行业技术创新的技术效率、纯技术效率和规模效率进行实证分析，结果如表 3-4、表 3-5、表 3-6 所示。在不考虑外在环境影响和统计噪声的情况下，2001～2009 年，中国高新技术产业技术创新效率整体呈现上升趋势，技术效率平均值为 0.358～0.879，纯技术效率平均值为 0.596～0.910，规模效率平均值为 0.701～0.965。大部分行业的创新效率值都处于前沿面之下，其纯技术效率和规模效率存在不同程度的可改进空间。由于该结果包含了环境影响和统计噪声的干扰，并不能反映各高新技术产业技术创新效率的真实水平，因此还需作更进一步的调整和测算。

表 3-4　技术创新的技术效率估计结果①

行业＼年份		2001	2002	2003	2004	2005	2006	2007	2008	2009
行业 1	调整前	0.217	0.570	0.519	0.590	0.469	0.347	0.479	0.380	0.762
	调整后	0.225	0.582	0.532	0.600	0.559	0.353	0.484	0.385	0.764
行业 2	调整前	1.000	1.000	1.000	1.000	1.000	0.880	0.586	0.691	1.000
	调整后	1.000	1.000	1.000	1.000	1.000	0.891	0.623	0.704	1.000
行业 3	调整前	0.112	0.447	0.613	0.428	0.670	0.411	0.626	0.463	0.618
	调整后	0.116	0.455	0.627	0.432	0.749	0.417	0.634	0.475	0.619
行业 4	调整前	0.099	0.315	0.219	0.140	0.299	0.220	0.374	0.290	0.376
	调整后	0.103	0.321	0.222	0.149	0.300	0.224	0.377	0.295	0.379
行业 5	调整前	0.267	0.549	0.745	0.698	0.705	0.691	0.957	0.807	1.000
	调整后	0.277	0.558	0.773	0.713	0.804	0.710	0.993	0.823	1.000
行业 6	调整前	0.102	0.584	0.279	0.834	0.366	0.829	1.000	1.000	0.997
	调整后	0.052	0.394	0.232	0.662	0.415	0.811	1.000	1.000	0.960
行业 7	调整前	0.129	0.478	0.927	0.843	0.487	0.401	0.597	0.677	0.987
	调整后	0.134	0.487	0.944	0.873	0.509	0.407	0.610	0.698	1.000
行业 8	调整前	0.137	0.669	0.487	0.453	0.484	0.336	0.386	0.353	0.757
	调整后	0.143	0.682	0.492	0.457	0.544	0.341	0.403	0.365	0.759
行业 9	调整前	0.358	0.925	1.000	1.000	0.967	0.870	1.000	0.755	1.000
	调整后	0.445	0.982	1.000	1.000	1.000	0.955	1.000	0.767	1.000
行业 10	调整前	0.292	0.713	0.685	0.139	1.000	0.379	1.000	1.000	0.794
	调整后	0.300	0.728	0.721	0.141	1.000	0.371	1.000	1.000	0.796
行业 11	调整前	0.350	1.000	1.000	0.935	1.000	1.000	1.000	1.000	1.000
	调整后	0.458	1.000	1.000	0.976	1.000	1.000	1.000	1.000	1.000
行业 12	调整前	1.000	1.000	1.000	1.000	1.000	0.936	1.000	1.000	1.000
	调整后	1.000	1.000	1.000	1.000	1.000	0.944	1.000	1.000	1.000

① 表 3-4、表 3-5、表 3-6 中的行业 1～行业 15 分别代表化学药品制造、中成药加工、生物生化制品制造、飞机制造及修理、通信设备制造、广播电视设备制造、电子器件制造、电子元件制造、家用视听设备制造、其他电子设备制造、电子计算机整机制造、电子计算机外部设备制造、办公设备制造、医疗设备及器械制造、仪器仪表制造等 15 个行业。

续表

行业 \ 年份		2001	2002	2003	2004	2005	2006	2007	2008	2009
行业 13	调整前	0.232	0.877	0.212	1.000	0.969	0.594	1.000	0.617	0.894
	调整后	0.157	0.682	0.212	1.000	0.845	0.562	1.000	0.582	0.840
行业 14	调整前	0.506	0.737	1.000	0.611	1.000	1.000	1.000	1.000	1.000
	调整后	0.518	0.745	0.992	0.615	1.000	1.000	1.000	1.000	1.000
行业 15	调整前	0.570	0.992	1.000	1.000	0.481	0.579	0.735	0.734	1.000
	调整后	0.588	1.000	1.000	1.000	0.499	0.589	0.759	0.753	1.000
平均值	调整前	0.358	0.724	0.712	0.711	0.726	0.632	0.783	0.718	0.879
	调整后	0.368	0.708	0.716	0.708	0.748	0.638	0.792	0.723	0.874

表 3-5　技术创新的纯技术效率估计结果

行业 \ 年份		2001	2002	2003	2004	2005	2006	2007	2008	2009
行业 1	调整前	0.221	0.571	0.549	0.608	0.580	0.385	0.483	0.395	0.765
	调整后	0.235	0.585	0.558	0.617	0.584	0.393	0.486	0.397	0.769
行业 2	调整前	1.000	1.000	1.000	1.000	1.000	1.000	0.629	0.745	1.000
	调整后	1.000	1.000	1.000	1.000	1.000	1.000	0.634	0.776	1.000
行业 3	调整前	0.256	0.498	0.714	0.543	0.671	0.969	0.987	0.595	0.910
	调整后	0.399	0.602	0.794	0.619	0.803	1.000	1.000	0.672	1.000
行业 4	调整前	0.106	0.321	0.225	0.144	0.302	0.241	0.378	0.292	0.387
	调整后	0.122	0.338	0.229	0.151	0.305	0.246	0.383	0.296	0.395
行业 5	调整前	1.000	1.000	1.000	1.000	1.000	1.000	1.000	1.000	1.000
	调整后	1.000	1.000	1.000	1.000	1.000	1.000	1.000	1.000	1.000
行业 6	调整前	1.000	1.000	1.000	1.000	0.428	1.000	1.000	1.000	1.000
	调整后	1.000	1.000	1.000	1.000	0.745	1.000	1.000	1.000	1.000
行业 7	调整前	0.139	0.481	1.000	0.916	0.497	0.483	0.605	0.791	1.000
	调整后	0.165	0.494	1.000	0.926	0.519	0.487	0.612	0.796	1.000
行业 8	调整前	0.143	0.676	0.510	0.455	0.522	0.353	0.414	0.391	0.759
	调整后	0.167	0.702	0.521	0.460	0.549	0.357	0.416	0.395	0.761
行业 9	调整前	1.000	1.000	1.000	1.000	1.000	1.000	1.000	0.778	1.000
	调整后	1.000	1.000	1.000	1.000	1.000	1.000	1.000	0.782	1.000
行业 10	调整前	0.354	0.768	0.708	0.298	1.000	1.000	1.000	1.000	0.834
	调整后	0.448	0.857	0.758	0.353	1.000	1.000	1.000	1.000	0.843

续表

行业 \ 年份		2001	2002	2003	2004	2005	2006	2007	2008	2009
行业 11	调整前	0.452	1.000	1.000	0.958	1.000	1.000	1.000	1.000	1.000
	调整后	0.539	1.000	1.000	0.991	1.000	1.000	1.000	1.000	1.000
行业 12	调整前	1.000	1.000	1.000	1.000	1.000	1.000	1.000	1.000	1.000
	调整后	1.000	1.000	1.000	1.000	1.000	1.000	1.000	1.000	1.000
行业 13	调整前	1.000	1.000	0.648	1.000	1.000	1.000	1.000	1.000	1.000
	调整后	1.000	1.000	0.749	1.000	1.000	1.000	1.000	1.000	1.000
行业 14	调整前	0.686	0.801	1.000	0.745	1.000	1.000	1.000	1.000	1.000
	调整后	0.882	1.000	1.000	0.806	1.000	1.000	1.000	1.000	1.000
行业 15	调整前	0.582	0.993	1.000	1.000	0.501	0.635	0.819	1.000	1.000
	调整后	0.613	1.000	1.000	1.000	0.510	0.640	0.824	1.000	1.000
平均值	调整前	0.596	0.807	0.824	0.778	0.767	0.804	0.821	0.799	0.910
	调整后	0.638	0.839	0.841	0.795	0.801	0.808	0.824	0.808	0.918

表 3-6 技术创新的规模效率估计结果

行业 \ 年份		2001	2002	2003	2004	2005	2006	2007	2008	2009
行业 1	调整前	0.980 (irs)	0.998 (irs)	0.946 (drs)	0.970 (drs)	0.808 (drs)	0.901 (drs)	0.992 (drs)	0.963 (drs)	0.996 (irs)
	调整后	0.959 (irs)	0.995 (irs)	0.953 (drs)	0.972 (drs)	0.957 (drs)	0.898 (drs)	0.995 (drs)	0.969 (drs)	0.994 (irs)
行业 2	调整前	1.000 (drs)	0.000 (crs)	1.000 (crs)	1.000 (crs)	1.000 (crs)	0.880 (drs)	0.931 (drs)	0.927 (drs)	1.000 (crs)
	调整后	1.000 (crs)	0.000 (crs)	1.000 (crs)	1.000 (crs)	1.000 (crs)	0.891 (drs)	0.982 (drs)	0.907 (drs)	1.000 (crs)
行业 3	调整前	0.438 (irs)	0.898 (irs)	0.859 (irs)	0.788 (irs)	0.999 (drs)	0.424 (irs)	0.634 (irs)	0.778 (irs)	0.679 (irs)
	调整后	0.291 (irs)	0.756 (irs)	0.790 (irs)	0.698 (irs)	0.933 (irs)	0.417 (irs)	0.634 (irs)	0.707 (irs)	0.619 (irs)
行业 4	调整前	0.931 (irs)	0.981 (irs)	0.975 (irs)	0.972 (drs)	0.991 (irs)	0.912 (irs)	0.990 (irs)	0.992 (drs)	0.971 (irs)
	调整后	0.844 (irs)	0.950 (irs)	0.970 (irs)	0.985 (irs)	0.984 (irs)	0.909 (irs)	0.985 (irs)	0.998 (drs)	0.960 (irs)

续表

行业 \ 年份		2001	2002	2003	2004	2005	2006	2007	2008	2009
行业 5	调整前	0.267 (irs)	0.549 (drs)	0.745 (drs)	0.698 (drs)	0.705 (drs)	0.691 (drs)	0.957 (drs)	0.807 (drs)	1.000 (crs)
	调整后	0.277 (drs)	0.558 (drs)	0.773 (drs)	0.713 (drs)	0.804 (drs)	0.710 (drs)	0.993 (drs)	0.823 (drs)	1.000 (crs)
行业 6	调整前	0.102 (irs)	0.584 (irs)	0.279 (irs)	0.834 (irs)	0.856 (irs)	0.829 (irs)	1.000 (crs)	1.000 (crs)	0.997 (irs)
	调整后	0.052 (irs)	0.394 (irs)	0.232 (irs)	0.662 (irs)	0.557 (irs)	0.811 (irs)	1.000 (crs)	1.000 (crs)	0.960 (irs)
行业 7	调整前	0.929 (irs)	0.993 (irs)	0.927 (drs)	0.920 (drs)	0.979 (drs)	0.830 (drs)	0.986 (drs)	0.856 (drs)	0.987 (drs)
	调整后	0.812 (irs)	0.985 (irs)	0.944 (drs)	0.943 (drs)	0.981 (irs)	0.836 (drs)	0.996 (drs)	0.877 (drs)	1.000 (crs)
行业 8	调整前	0.961 (irs)	0.989 (irs)	0.954 (irs)	0.995 (irs)	0.928 (drs)	0.951 (drs)	0.933 (drs)	0.902 (drs)	0.998 (irs)
	调整后	0.855 (irs)	0.971 (irs)	0.944 (irs)	0.993 (irs)	0.991 (irs)	0.956 (drs)	0.969 (drs)	0.923 (drs)	0.998 (irs)
行业 9	调整前	0.358 (drs)	0.925 (drs)	1.000 (crs)	1.000 (crs)	0.967 (drs)	0.870 (drs)	1.000 (crs)	0.971 (drs)	1.000 (crs)
	调整后	0.445 (drs)	0.982 (drs)	1.000 (crs)	1.000 (crs)	1.000 (crs)	0.955 (drs)	1.000 (crs)	0.981 (drs)	1.000 (crs)
行业 10	调整前	0.826 (irs)	0.928 (irs)	0.967 (irs)	0.467 (irs)	1.000 (crs)	0.379 (irs)	1.000 (crs)	1.000 (crs)	0.952 (irs)
	调整后	0.669 (irs)	0.849 (irs)	0.951 (irs)	0.399 (irs)	1.000 (crs)	0.371 (irs)	1.000 (crs)	1.000 (crs)	0.944 (irs)
行业 11	调整前	0.774 (drs)	1.000 (crs)	1.000 (crs)	0.976 (drs)	1.000 (crs)	1.000 (crs)	1.000 (crs)	1.000 (crs)	1.000 (crs)
	调整后	0.849 (drs)	1.000 (crs)	1.000 (crs)	0.985 (drs)	1.000 (crs)	1.000 (crs)	1.000 (crs)	1.000 (crs)	1.000 (crs)
行业 12	调整前	1.000 (drs)	0.000 (crs)	1.000 (crs)	1.000 (crs)	1.000 (crs)	0.936 (drs)	1.000 (crs)	1.000 (crs)	1.000 (crs)
	调整后	1.000 (drs)	0.000 (crs)	1.000 (crs)	1.000 (crs)	1.000 (crs)	0.944 (drs)	1.000 (crs)	1.000 (crs)	1.000 (crs)

续表

行业	年份	2001	2002	2003	2004	2005	2006	2007	2008	2009
行业 13	调整前	0.232 (irs)	0.877 (irs)	0.327 (irs)	1.000 (crs)	0.969 (irs)	0.594 (irs)	1.000 (crs)	0.617 (irs)	0.894 (irs)
	调整后	0.157 (irs)	0.682 (irs)	0.283 (irs)	1.000 (crs)	0.845 (irs)	0.562 (irs)	1.000 (crs)	0.582 (irs)	0.840 (irs)
行业 14	调整前	0.738 (irs)	0.920 (irs)	1.000 (crs)	0.820 (irs)	1.000 (crs)	1.000 (crs)	1.000 (crs)	1.000 (crs)	1.000 (crs)
	调整后	0.587 (irs)	0.745 (irs)	0.992 (irs)	0.763 (irs)	1.000 (crs)	1.000 (crs)	1.000 (crs)	1.000 (crs)	1.000 (crs)
行业 15	调整前	0.980 (irs)	0.999 (irs)	1.000 (crs)	1.000 (crs)	0.960 (drs)	0.912 (drs)	0.897 (drs)	0.734 (drs)	1.000 (crs)
	调整后	0.959 (irs)	1.000 (crs)	1.000 (crs)	1.000 (crs)	0.979 (drs)	0.920 (drs)	0.921 (drs)	0.753 (drs)	1.000 (crs)
平均值	调整前	0.701	0.909	0.865	0.896	0.944	0.807	0.955	0.903	0.965
	调整后	0.650	0.858	0.855	0.874	0.931	0.812	0.965	0.901	0.954

注：irs 为规模报酬递增，drs 为规模报酬递减，crs 为规模报酬不变。

二、不同行业技术创新效率的影响因素分析

将第一阶段得出的决策单元中各投入变量研发经费、研发人员、新产品开发经费的松弛值作为解释变量，以市场结构、政府经费、行业规模、所有制结构为自变量建立 SFA 回归模型，利用软件 Frontier 4.1 进行估计，结果如表 3-7 所示。模型估计结果的 σ^2、γ 值均通过了显著性检验，表明与随机误差相比，高新技术产业技术创新效率的环境因素影响更为重要。从估计参数来看，各自变量对投入松弛值的系数大部分通过了显著性检验，说明环境因素对高新技术产业技术创新投入拥塞存在显著影响。

投入松弛变量是指通过改善经营管理水平可能减少的投入量。因此，如果环境变量与投入松弛变量成正相关则说明环境变量投入增多将不利于技术创新效率的提高；相反，则会提高技术创新效率。从表 3-7 的结果来看：

表 3-7　第二阶段 SFA 估计结果

变量	新产品开发经费松弛变量	研发人员松弛变量	研发经费松弛变量
常数项	−2.598 (2.917)	−1.623 (2.015)	−2.419 (2.812)
市场结构	2.197** (0.935)	1.589** (0.708)	2.201** (2.372)
政府支持	6.173* (3.931)	4.473* (2.296)	5.633* (3.004)
企业规模	−0.429 (0.307)	−0.309 (0.229)	−0.444* (0.263)
所有制结构	−1.572 (1.266)	−1.467* (0.845)	−1.702 (1.242)
σ^2	6.228*** (2.342)	3.411*** (1.284)	6.347*** (2.383)
γ	0.661*** (0.133)	0.665*** (0.130)	0.682*** (0.125)
对数似然函数	−257.900	−216.830	−255.56
单边似然函数	51.207***	53.643***	56.344***

*、**、*** 分别表示在 10%、5%、1%显著性水平上显著；括号内为标准差。

（1）政府的扶持激励政策对三种创新投入松弛变量均具有显著的正向影响，表明政府干预并不利于创新资源的有效配置。原因可能在于一方面政府对高新技术产业创新的支持更多地体现在资金方面，而那些获得资金支持的企业对研发经费的管理较为粗放，绩效考核体系不完善，政府缺乏有效的监管手段，导致研发经费存在浪费现象；另一方面是政府的其他创新扶持政策缺乏可操作性，难于落到实处，影响了技术创新效率的提高。

（2）所有制结构对三种创新投入松弛变量具有负向影响，但是只有对研发人员松弛变量的系数显著为负，表明高新技术产业中非国有化比重的提高，有利于减少研发投入资源的浪费。市场化程度的提高，以及所有制结构的多元化，促进了企业治理结构和激励机制的变革，提高了创新资源的利用效率，成为创新效率改善的重要制度基础。

（3）市场结构对三种创新投入松弛变量均具有显著的正向影响，表明高市场集中度更有助于减少创新资源的冗余，有利于提高技术创新效率。这一结论与传统产业组织学的观点和熊彼特关于创新的第二种论述是一致的，即适当的市场垄断结构能够激励高新技术企业进行技术创新投入，有利于企业技术创新效率的提高。原因在于高的市场集中度更加有利于创新资源的集中，适合于高新技术产业创新投入大、风险高、不确定性强的特点，更容易完成重大技术创新难题的攻关；同时，技术创新扩散更慢，专利保护相对容易。

（4）企业规模对三种创新投入松弛变量具有负向影响，但是只有对研发经费松弛变量的系数显著为负。表明了企业平均规模越大，技术创新越具有规模经济性，创新效率也越高。研发投资规模与风险以及融资约束问题的存在可能是导致以上关系出现的重要原因。企业要想进行创新就必须有较大的企业规模做支撑，中小企业在技术创新过程中常常面临资金瓶颈，迫于竞争压力，就不可能实现较高的研发投入，技术创新效率的提高难度更大。Rothwell 和 Dodgson（1994）对 1945～1983 年英国产业中的 4378 项创新进行研究也证明了这一点，他们研究发现，雇员规模在 1000 人以上的企业，累计创新数量占全部创新累计总量的 66%，其中规模在 1 万人以上的企业占全部创新累计总量的 43.1%，雇员小于 500 人的企业仅占 26.4%。

上述结果表明，各环境要素对决策单元的影响并不完全一致。如果不控制这些环境因素，就可能使决策单元处于不同的环境之中，从而造成效率估计结果的偏差。接下来，对投入变量进行调整，剥离环境因素的影响，使各决策单元处于相同的环境之下，以提高估计结果的准确性。

三、投入调整后的技术创新效率测算结果

对中国 13 个高新技术行业技术创新效率的投入变量进行调整后，运用 DEAP2.1 软件，将调整后的投入变量（剔除环境因素和随机误差之后的数值）和原始产出变量带入求解可以得到剔除了环境因素和随机误差的技术效率，结果如表 3-4、表 3-5、表 3-6 所示。

从表中可以看出，对比第一阶段的结果，调整前后技术创新效率值有一定的变化。2001～2009 年，技术效率的平均值为 0.368～0.874，纯技术效率的平均值为 0.638～0.918，规模效率的平均值为 0.650～0.954。与调整前相比，大部分年份的技术效率平均值略有提高，纯技术效率平均值显著提高，规模效率平均值显著降低，规模状态也调整为以规模报酬递增为主。说明规模效率是影

响技术效率提升的主要原因，而不是像第一阶段结果显示的那样，纯技术效率是影响技术效率的主要原因。对比各个行业的结果可以发现，剔除环境因素和随机误差以后，技术效率上升的行业有 13 个，说明这些行业之前较低的技术效率确实是由于比较不利的环境所致，而非它们的技术管理水平低。只有广播电视设备制造和办公设备制造两个行业的技术效率下降，表明它们之前的高效率与它们所处的有利环境和好运密切相关，它们的技术管理水平并没有看上去那么高。说明环境因素确实对中国大部分高新技术行业的技术创新效率产生了不利影响，造成了效率低下，控制了环境因素的影响，可以得到更加合理的技术创新效率测度。

为说明第三阶段 DEA 模型所测出的效率值更具客观性，并且更能说明各个高新技术行业的技术创新状况，将第一阶段及第三阶段得出的效率值与各行业的专利产出值进行 Spearman 等级相关分析，结果如表 3-8 所示。在经过第二阶段的环境因素调整后，各高新技术行业技术创新的综合技术效率值、纯技术效率值及规模效率值与其专利产出产出值的相关度均有明显提高。这一结果表明，第三阶段的测度结果比第一阶段更能真实地反映各行业的管理效率状况，进一步说明第二阶段所进行的环境因素和随机扰动因素的调整是有必要的，应用三阶段 DEA 模型比传统 DEA 方法对高新技术产业技术创新效率进行测度更为合理和精确。

表 3-8　技术创新效率值与专利产出的 Spearman 等级相关系数

相关系数	综合技术效率		纯技术效率		规模效率	
	TE1	TE3	PTE1	PTE3	SE1	SE3
专利产出	0.678*** (0.000)	0.725*** (0.000)	0.612*** (0.000)	0.730*** (0.000)	0.593*** (0.000)	0.625*** (0.000)

*** 表示在 1%显著性水平上显著；括号中的数为检验的 p 值。

第五节　本章小结

本章采用三阶段 DEA 模型对中国高新技术产业的技术创新效率进行研究，

剔除了外部环境因素和随机误差对效率的影响，得到以下研究结论：

（1）在第二阶段运用SFA模型剔除环境因素和随机误差影响后，高新技术产业技术创新的综合技术效率、纯技术效率和规模效率都有显著的变化。纯技术效率被低估，规模效率值被高估，这说明外部环境因素会对技术创新效率产生较大影响，应当剔除这些因素进行分析。将第一阶段及第三阶段得出的效率值与各行业的专利产出进行Spearman等级相关分析发现，在经过第二阶段的环境因素调整后，更进一步说明应用三阶段DEA模型比传统的DEA方法对高新技术产业技术创新效率进行测度更为准确。

（2）第二阶段的SFA模型实证结果表明，四种环境因素对高新技术产业技术创新效率存在显著影响。政府干预并不利于创新资源的有效配置，影响了技术创新效率的提高；企业非国有化比重的提高，有利于减少创新资源的浪费，会促使技术创新效率的改善；较高市场集中度和较大的企业规模，有助于减少创新资源的冗余，技术创新具有规模经济性，创新效率也越高。

（3）在剔除环境变量和随机因素的影响后，高新技术产业技术创新的平均综合技术效率和纯技术效率有所上升，而平均规模效率有所下降，各行业的规模状态也调整为以规模报酬递增为主。以2008年为例，平均综合技术效率由0.718上升到0.723，平均纯技术效率由0.799上升至0.808，而平均规模效率则由0.903下降至0.901。

从研究结果来看，应采取如下应对措施，以促进高新技术产业技术创新效率的提升。

第一，中国高新技术产业研发创新效率的特征存在显著差异，各个行业应该结合自身效率损失的原因采取不同措施。纯技术效率较低的行业主要是由于内部管理水平不高影响了技术效率，因此需要加强管理机制创新，并进行管理制度的改革，引进先进的管理理念和手段，建立新的制度体系；规模效率较低的行业其迫切任务是扩大行业规模，提升整个行业的规模效率。

第二，进行高新技术产业的所有制改革，建立多元化的产权结构。国有企业在投资巨大、风险极高、关系国家安全的重大高新技术研发领域具有主导地位，不可或缺，但是研发创新效率往往较低。而外资企业和民营企业是高新技术产业研发创新的主导力量，其研发创新效率较高，但其总体规模较小，创新能力较低。高新技术产业的所有制结构多元化，有利于促进治理结构和激励机制的变革，引导研发创新资源的有效配置，促进研发创新效率的提升。

第三，壮大大型高新技术企业规模，形成研发的规模效应，发挥其对研发创新的主导作用。扶持中小高新技术企业发展，解决其政策、资金、风险等制约研发创新的瓶颈问题，增强其参与创新的动力，发挥其研发创新的辅助作用，培育合理的市场竞争环境。

第四，政府部门应该加大对高新技术产业研发创新的支持力度，加强对政府创新经费使用的监督，提高创新经费使用效率，充分发挥政府创新资金的引导作用。同时，应该出台更多的高新技术产业创新扶持政策，如税收减免、专利保护、反垄断等，增强高新技术企业创新积极性，促进研发创新效率的提升。

第四章 高新技术产业不同行业的技术创新效率动态变化分析

高新技术产业作为知识经济活动中技术创新最为活跃的产业，正深刻地改变着世界经济结构。以1986年国家提出的“863”计划和1988年提出的“火炬计划”为开端，中国高新技术产业经历20余年的发展，已经在国民经济中占有重要地位。高新技术产业不同行业的产值都实现了快速增长，创新能力显著增强。第三章重点分析了2001～2009年高新技术产业不同行业的技术创新效率，并分析了市场结构、政府支持、企业规模和所有制结构等对效率的影响，对剔除这些影响因素的效率进行了测算。但是，年度间不同行业的技术创新效率动态变化趋势如何？显著性如何？这些需要进一步考察。因此，本章利用DEA-Malmquist方法和Bootstrap方法，对2001～2009年中国高新技术产业技术创新效率的动态变化进行测算，并给出效率估计值的显著性水平和置信区间。通过对中国高新技术产业技术创新效率的动态变化进行客观、准确的评价，并分析不同行业的效率变化特征和差异，找到促进不同行业高新技术产业技术创新效率协调提升的有效路径，具有重要的现实意义。

第一节 高新技术产业技术创新效率动态变化的相关研究

从高新技术产业技术创新效率的研究文献来看，行业视角的研究分为效率的研究和效率变化的研究。对于效率的研究文献有朱有为和徐康宁（2006）利用SFA方法测算了中国高新技术产业的研发效率，并考察了企业规模、市场结构和所有权结构等因素对研发效率的影响。刘志迎等（2007）根据生产率与效率理论，采用SFA方法分析了中国高新技术产业发展过程中技术效率和总量增长模式的情况。邓路和高连水（2009）运用中国高新技术产业1999～2007年13个三位码行业的面板数据，定量评估内资企业自身研发投入及行业内R&D溢出对该行业自主创新效率的影响机制。官建成和陈凯华（2009）通过将DEA方法的松弛测度模型和临界效率模型结合起来测度了中国高新技术产业创新活动的技术效率、纯技术效率和规模效率，同时对无效的投入和产出进行了具体量化。李新春等（2010）通过构造相同的前沿生产函数测算了中国1998～2007年高新技术产业的创新研发投入中资金和劳动的单要素效率，并与非高新技术产业进行了比较。白俊红（2011）运用1995～2007年中国高新技术产业分行业面板数据，通过建立超越对数形式的SFA模型，实证检验了企业规模、市场结构及产权结构等因素对创新效率的影响。李向东等（2011）以1995～2006年中国高新技术产业17个细分行业的研发面板数据为基础，应用SFA和DEA两种方法实证测算了高新技术产业的研发创新效率。对于效率变化的研究文献主要有刘志迎和叶蓁（2006）基于DEA-Malmquist指数方法分析了高新技术产业17个行业发展过程中技术效率和总量增长的情况。

已有文献对高新技术产业技术创新效率进行了较为系统深入的研究，对本章研究的展开具有重要的借鉴意义。然而，现有文献对高新技术产业技术创新效率变化的研究较少，研究采用简单的DEA-Malmquist指数方法，并没有给出效率估计值的显著性水平，在准确性和稳健性上有所欠缺。而在其他行业的效率研究中，已有学者利用由Simar和Wilson（2000，1998）提出的DEA-Bootstrap方法在给出效率测度值的同时进行了显著性检验，如Tortosa-Ausina等（2008）在研究西班牙商业银行效率变化时将DEA-Malmquist指数与Bootstrap方法相结合，对测度结果进行了纠偏。王亚华等（2008）在研究中国交通行业生产率变动时也采用了类似的方法。因此，本章在利用 DEA-Malmquist 方法进行效率测算的基础上，引入了 DEA-Bootstrap 技术，对 2001～2009 年中国高新技术产业技术创新的全要素生产率变化进行了测算，并给出效率估计值的显著性水平和置信区间，以保证研究结论的准确性和稳健性。

第二节　动态效率的测度和模拟方法

一、效率测度方法和模型

对于效率变化的测度通常采用 DEA-Malmquist 方法，该方法是 Fare 等（1992）在结合 Farrell（1957）对效率的测度方法和 Caves 等（1982）在全要素生产率的测度方法基础之上提出的一种测度 TFP 变化的方法。DEA-Malmquist 指数方法的特点是：不需要提供要素价格的信息；适用于多个对象之间的面板数据分析。

Malmquist 指数是在距离函数的基础上定义出来的，假设有两个时期 t 和 $t+1$，(x^t,y^t) 和 (x^{t+1},y^{t+1}) 分别表示 t 时期和 $t+1$ 时期的投入和产出向量。以 φ^t 表示的所有 x^t 生产 y^t 的生产可能性集合定义为：

$$\varphi^t = \{(x^t,y^t)\} \tag{4-1}$$

进一步定义任意一个决策单元在 t 时期的产出距离函数：

$$\begin{aligned} D^t(x^t,y^t) &= \inf\{\theta \in R:(x^t,y^t/\theta) \in \varphi^t\} \\ &= [\sup\{\theta \in R:(x^t,\theta y^t) \in \varphi^t\}]^{-1} \end{aligned} \tag{4-2}$$

距离函数具有两个性质：①如果 y^t 属于 x^t 的生产可能集，则产出距离函数小于等于 1。②当且仅当 (x^t,y^t) 属于生产可能集的前沿面上时，产出距离函数等于 1。

计算 Malmquist 指数还需要定义另外两个距离函数，一是测量在 t 时期的技术条件下（x^{t+1}, y^{t+1}）所能达到的最大比例的变化，即：

$$D^t(x^{t+1}, y^{t+1}) = \inf\{\theta \in R: (x^{t+1}, y^{t+1}/\theta) \in \varphi^t\} \tag{4-3}$$

第二个距离函数是测量在 $t+1$ 时期的技术条件下（x^{t_1}, y^{t_1}）所能达到的最大比例的变化，即：

$$D^{t+1}(x^t, y^t) = \inf\{\theta \in R: (x^t, y^t/\theta) \in \varphi^{t+1}\} \tag{4-4}$$

这样可以得到以 t 时期技术条件为参照，基于产出导向的 Malmquist 指数，其表达式如下：

$$M_o^t(x^{t+1}, y^{t+1}, x^t, y^t) = \frac{D_o^t(x^{t+1}, y^{t+1})}{D_o^t(x^t, y^t)} \tag{4-5}$$

这个指数测度了在 t 时期的技术条件下，从 t 到 $t+1$ 时期的效率变化。

同理，在 $t+1$ 时期的技术条件下，以产出为导向的 Malmquist 生产率变化指数可以表示为：

$$M_o^{t+1}(x^{t+1}, y^{t+1}, x^t, y^t) = \frac{D_o^{t+1}(x^{t+1}, y^{t+1})}{D_o^{t+1}(x^t, y^t)} \tag{4-6}$$

为避免时期选择的随意性可能导致的差异，Caves 等（1982）提出了用上述两式的几何平均值作为衡量 t 到 $t+1$ 时期生产率变化的 Malmquist 指数，即：

$$M_o(x^{t+1}, y^{t+1}, x^t, y^t) = \left[\frac{D_o^t(x^{t+1}, y^{t+1})}{D_o^t(x^t, y^t)} \times \frac{D_o^{t+1}(x^{t+1}, y^{t+1})}{D_o^{t+1}(x^t, y^t)}\right]^{1/2} \tag{4-7}$$

该指数大于 1 时，表明从 t 到 $t+1$ 时期 TFP 是增长的，反之亦然。在规模报酬不变的假设前提下，Malmquist 指数可以分解为技术效率变化指数（TEC）和技术进步指数（TP）两项，即：

$$\begin{aligned} M_o(x^{t+1}, y^{t+1}, x^t, y^t) &= \frac{D_o^{t+1}(x^{t+1}, y^{t+1})}{D_o^t(x^t, y^t)} \times \left[\frac{D_o^t(x^{t+1}, y^{t+1})}{D_o^{t+1}(x^{t+1}, y^{t+1})} \times \frac{D_o^t(x^t, y^t)}{D_o^{t+1}(x^t, y^t)}\right]^{1/2} \\ &= \mathrm{TEC} \times \mathrm{TP} \end{aligned} \tag{4-8}$$

TEC 指数测度了从 t 到 $t+1$ 时期每一个决策单元对生产可能性边界的追赶程度；TP 指数测度了技术边界 t 到 $t+1$ 时期的移动情况。某一指数大于 1 表示其是生产率提高的源泉，反之则是导致生产率降低的根源。

为了采用 DEA 方法来计算 Malmquist 指数，我们假设有 $k=1,\cdots,K$ 个行业，在 $t=1,\cdots,T$ 中的每一个时刻，使用 $n=1,\cdots,N$ 中要素投入，于是有 $x_{k,n}^{t}$，得到 $m=1,\cdots,M$ 个种类的产出 $x_{m}^{k,t}$。在 DEA 条件下，每一期在固定规模报酬、投入要素自由处置条件下的参考技术被定义为：

$$L^{t}(y^{t}\mid C,S)=\{(x_{1}^{t},\cdots,x_{N}^{t}):y_{k,m}^{t}\leqslant\sum_{k=1}^{K}z_{k}^{t}y_{k,m}^{t},m=1,\cdots,M$$
$$\sum_{k=1}^{K}z_{k}^{t}x_{k,n}^{t}\leqslant x_{k,n}^{t},n=1,\cdots,N;z_{k}^{t}\geqslant 0,k=1,\cdots,K\} \tag{4-9}$$

z 表示每一个横截面观测值的权重。为估算 k 行业在 t 到 $t+1$ 时期之间的生产率，需解四个不同的线性规划：$D_{o}^{t}(x^{t},\ y^{t})$、$D_{o}^{t+1}(x^{t+1},\ y^{t+1})$、$D_{o}^{t}(x^{t+1},\ y^{t+1})$、$D_{o}^{t+1}(x^{t},\ y^{t})$。对于每个 $k=1,\ \cdots,\ K$ 的行业，有：

$$[D_{o}^{t}(x_{k}^{t},y_{k}^{t})]^{-1}=\max\theta^{k}$$
$$\theta^{k}y_{k,m}^{t}\leqslant\sum_{k=1}^{K}z_{k}^{t}y_{k,m}^{t}\qquad m=1,\cdots,M \tag{4-10}$$
$$\sum_{k=1}^{K}z_{k}^{t}y_{k,n}^{t}\leqslant x_{k,n}^{t}\qquad n=1,\cdots,N$$
$$z_{k}^{t}\geqslant 0\qquad k=1,\cdots,K$$

如果将式（4-10）的 t 时期改写为 $t+1$ 时期，就可以得到 $D_{o}^{t+1}(x^{t+1},y^{t+1})$ 的线性规划模型。同理可以得到 $D_{o}^{t}(x^{t+1},y^{t+1})$ 和 $D_{o}^{t+1}(x^{t},y^{t})$ 的线性规划模型。

二、Bootstrap 方法

Bootstrap 方法由美国统计学家 Efron（1979）首次提出，在金融、医学、心理学及军事等领域得到了广泛的应用。Bootstrap 方法的基本思想是：不对未知总体作任何假定，仅在原始数据的基础上，通过重复抽样来模拟数据的生成过程，从而得到原始估计量的近似样本分布，进一步对总体的特征进行统计推断。

在采用 DEA-Malmquist 方法时，为了更精确地测度 TFP 及其变化，需要运用 Bootstrap 方法进行纠偏，这是由 DEA 模型本身的特点所决定的（Simar and Wilson，2000）。首先，DEA 是通过构建生产前沿面来测度各决策单元的效率值的，把生产前沿面上的决策单元看作处于完全效率状态，而事实上它们并非具有完全效率。从这个角度来看，DEA 模型测度的效率值为相对效率，而并非是绝对意义上的“效率”概念。另外，从纯粹的统计学意义上讲，DEA 模型的效率估计值的渐近分布一般难以确定（Kniep et al.，2003），因此需要引入 Bootstrap 方法来推断 DEA 模型估计值的经验分布，进而修正效率估计值的偏差并给出其置信区间。

Bootstrap 方法的主要步骤如下：

（1）对于每一个决策单元的投入产出向量 $(X_i, Y_i), i = 1, \cdots, I$，采用 DEA 方法求出其效率得分 $\hat{\theta}_i$；

（2）基于 I 个决策单元的效率得分 $\hat{\theta}_i, i = 1, \cdots, I$，使用 Bootstrap 方法产生规模为 I 的随机效率值序列 $\{\theta_{1b}^*, \cdots, \theta_{ib}^*\}$，$b$ 表示使用 Bootstrap 方法进行的 b 次迭代；

（3）根据上一步的随机效率值序列计算出模拟样本 (X_{ib}^*, Y_i)，$i=1, \cdots, I$，其中 $X_{ib}^* = \dfrac{\hat{\theta}_i}{\theta_{ib}^*} * X_i, i = 1, \cdots, I$；

（4）根据上述模拟样本值，采用 DEA 模型再次计算效率得分 $\hat{\theta}_{ib}^*, i = 1, \cdots, I$；

（5）重复步骤（2）～（4）共 B 次，得到一系列效率得分 $\hat{\theta}_{ib}^*, b = 1, \cdots, B$；

（6）根据以上步骤得到的样本集对 DEA 模型的估计偏差进行修正：

$$\text{Bias}(\hat{\theta}_i) = E(\hat{\theta}_i) - \hat{\theta}_i \tag{4-11}$$

$$\overline{\text{Bias}}(\hat{\theta}_i) = B^{-1} \sum_{b=1}^{B} (\hat{\theta}_{ib}^*) - \hat{\theta}_i \tag{4-12}$$

经过 Bootstrap-DEA 方法修正之后的效率估计值为：

$$\tilde{\theta}_i = \hat{\theta}_i - \overline{\text{Bias}}(\hat{\theta}_i) = 2\hat{\theta}_i - B^{-1} \sum_{b=1}^{B} (\hat{\theta}_{ib}^*) \tag{4-13}$$

效率估计值的置信水平为 α 的置信区间：

$$P_r(-\hat{b}_\alpha \leqslant \hat{\theta}_{ib}^* - \hat{\theta}_i \leqslant -\hat{a}_\alpha) = 1 - \alpha \tag{4-14}$$

$$P_r(-\hat{b}_\alpha \leqslant \hat{\theta}_i - \theta_i \leqslant -\hat{a}_\alpha) \approx 1-\alpha \tag{4-15}$$

$$\hat{\theta}_i + \hat{a}_\alpha \leqslant \theta_i \leqslant \hat{\theta}_i + \hat{b}_\alpha \tag{4-16}$$

采用相同的步骤和方法便可以得到 Malmquist 生产率指数的置信区间。

第三节　高新技术产业技术创新动态效率变化的测度指标和样本

一、技术创新投入与产出变量

创新的含义不仅体现于 R&D 创新活动的实现，还体现在 R&D 创新成果在经济上的实现，即创新成果的商业化，因此，R&D 成果和市场效益都应作为企业的创新成果。在创新活动的成果产出上，发明专利（IP）是高新技术产业 R&D 活动的直接输出，也是国际上通用的衡量科技创新的产出指标（Guan and Gao，2009），用申请授权的发明专利数作为创新活动的一个产出指标。此外，考虑到从商业上直观体现高新技术创新成果的价值，也是体现市场接受能力最好的指标（Liu and Buck，2007），因此，将新产品销售收入（SRNP）作为创新活动的经济成果产出指标。

在创新活动投入要素上，R&D 经费支出（RDE）和 R&D 人员（RDP）是 R&D 活动实现的关键因素，应作为创新投入要素。新产品开发经费（NPE）和技术改造经费（TRE）因对创新产出有着直接的影响，也应作为创新活动的投入要素。

由于创新活动属于知识生产过程，创新产出不仅取决于当期 R&D 投入流量，而且还依赖于过去时期的 R&D 投入，所以创新投入应当是 R&D 经费存量，而不是 R&D 经费投入的当期流量。R&D 经费存量计算采用如下方法得到：首先将不同年份的R&D经费支出利用组合R&D价格指数进行平减①。然后在各行业的R&D经费支出数据基础上，借鉴Griliches（1990）、Coe和Helpman（1995）、Goto和Suzuki（1989）的做法，采用下式计算得到：

$$RDE_{i,t} = (1-\delta)RDE_{i,t-1} + E_{i,t-1} \tag{4-17}$$

式中，$RDE_{i,t}$、$RDE_{i,t-1}$ 分别为第 i 个行业 t 年、$t-1$ 年的R&D经费存量；$E_{i,t-1}$ 为 $t-1$ 年的R&D经费支出；δ 为折旧率，根据Griliches（1990）对于研发资本折旧率的估算，这里设定 $\delta=15\%$。

式（4-17）中，R&D经费存量计算需要初始年份各行业的R&D经费存量 $RDE_{i,0}$，其计算如下：

$$RDE_{i,0} = E_{i,0}/(g+\delta) \tag{4-18}$$

式中，g 为研究时段内R&D经费支出年均增长率；δ 为折旧率；$E_{i,0}$ 为初始年份R&D经费支出量。得到初始R&D经费存量后，利用永续盘存法可得到后续年份的R&D经费存量。

新产品开发经费和技术改造经费的处理方法与R&D经费相同。

本章中使用的变量及其描述如表4-1所示。

表4-1 变量定义

变量	符号	单位	定义
创新产出1	IP	项	发明专利授权量
创新产出2	SRNP	万元	新产品销售收入
资本投入1	RDE	万元	R&D资本存量，用永续盘存法核算
资本投入2	NPE	万元	新产品开发经费存量，用永续盘存法核算
资本投入3	TRE	万元	技术改造经费存量，用永续盘存法核算
人员投入	RDP	人年	R&D人员全时当量，指报告年内R&D全时人员数加非全时人员按工作量折算成全时人员数的总和

① 朱平芳和徐伟民（2003）将R&D支出价格指数设定为固定资产投资价格指数和消费价格指数的加权平均，其中前者权重0.45，后者权重0.55；朱有为和徐康宁（2006）亦有类似的设定，不过权重有所差别，两种指数的权重分别为0.75和0.25。本书中组合R&D价格指数是按照R&D经费构成中，劳务费、原材料和固定资产三者的大概比例，分别取0.4、0.3、0.3的比例，再分别乘以居民消费价格指数（CPI）、原材料动力燃料购进价格指数（PPI）、固定资产投资价格指数（FAIPI）的结果之和得到的。

二、样本和数据

在利用DEA方法进行效率测算时，决策单元的数目越多，越能界定投入与产出间的关系，越能获得更加符合实际的效率前沿面。如果决策单元的数目低于指标变量数目的和，那么会出现较多的有效单元。一个粗糙的潜规则是决策单元的数目不小于 $\max\{3(m+s), m\cdot s\}$，其中 m 和 s 分别是投入产出指标的个数（Cooper 等，2007）。基于此规则，选取《中国高技术产业统计年鉴》（2000～2009 年）中 15 个细分行业的面板数据，这 15 个细分行业分别是医药制造业中的化学药品制造、中成药加工、生物生化制品制造，航空航天制造业中的飞机制造及修理，电子及通信设备制造业中的通信设备制造、广播电视设备制造、电子器件制造、电子元件制造、家用视听设备制造、其他电子设备制造，电子计算机及办公设备制造业中的电子计算机整机制造、电子计算机外部设备制造、办公设备制造，医疗设备及仪器仪表制造业中的医疗设备及器械制造、仪器仪表制造。以上选择剔除了仍处于高度垄断、民营资本和外资极少介入的航天航空器制造业和雷达及配套设备制造业，选择市场化和竞争程度较高的行业进行研究。

由于从研发投入到新专利和新产品的产生及商业化通常都需要一定的周期，即存在投入产出的时滞，同时各种创新活动周期存在较大差异性，且时有交叉，使得投入产出对应较难处理，目前没有一个统一的标准。发明专利也因为研发过程的复杂程度、试验周期及劳动强度等因素的差别，其时滞存在较大差异。此外，新产品的产出不但可以依靠新专利的经济价值实现，而且可通过非专利性创新因素（如技术改造）来实现（Liu and Buck，2007），因此同样存在时滞差异。由于多数高新技术产业研发周期存在较大差异，从通信电子和信息产业的几个月到医药和航天制造的几年不等，为了统一口径，都统一为 1 年。因此，投入数据为 2000～2008 年，产出数据为 2001～2009 年。

对于研发人员变量，采用研发人员折合全时当量（人年）进行度量。对于研发经费、新产品开发经费、技术改造经费，使用我们构建的组合 R&D 指数进行平减（2001 年不变价）。对于新产品销售收入，我们把高新技术产业划分成两类，一类是医药制造业的 3 个细分行业，另一类基本属于机械电子行业。前者新产品销售收入采用化学工业产品 2001 年不变价出厂价格指数进行平减，后者采用机械工业产品 2001 年不变价出厂价格指数进行平减。

第四节　高新技术产业技术创新效率变化及其分解

本节在利用 Malmquist-DEA 方法进行效率测算的基础上，引入Bootstrap-DEA 技术，对 2001～2009 年中国高新技术产业技术创新的全要素生产率变化进行了测算，并给出了效率估计值的显著性水平和置信区间，结果如表4-2～表 4-8 所示。

高新技术产业技术创新的全要素生产率指数变化及其分解如表 4-2～表 4-4 所示。表中的列为 2001～2009 年连续两年的指数变化，以及 2001/2005 年[①]、2005/2009 年、2001/2009 年的指数变化。表中最后两行为各个行业的相应指数变化的几何平均值和算数平均值。表中效率测算结果的显著值表明时期 t_1 到时期 t_2 技术创新的全要素生产率、技术效率和技术进步发生了明显的变化，反之则没有明显的变化。

如表 4-2 所示，从整个高新技术产业的平均来看，2001/2009 年技术创新的全要素生产率变化平均值为 48%[②]，其中 2001/2005 年、2005/2009 年的变化平均值分别为 88.5%和 15.6%。除了 2001/2002 年、2008/2009 年的全要素生产率变化低于 1 以外，其余各年的值都大于 1，说明了中国高新技术产业的技术创新效率总体上处于不断改善的趋势。其中，2001/2005 年期间的效率变化最大，

① 2001/2005 年表示 2005 年相对于 2001 年的变化，余同。

② 指全要素生产率变化的几何平均值。

达到了 88.5%，这一期间的 2002/2003 年、2003/2004 年、2004/2005 年的效率增长达到了 7%、6.7%和 13.4%，只有 2001/2002 年的效率降低了 13.5%。总体来看，中国加入 WTO 以来，国家提出高新技术产业园区的“二次创业”计划，有力地推动了高新技术产业的迅速发展。通过实施引进人才计划，高新技术产业成了高端科技人才的聚集地，为产业的科技创新提供强大的智力资源。国家一直通过多种途径不断推进和鼓励企业的研发，推动企业技术创新，促进产学研结合和科技成果转化。同时，外资高新技术企业纷纷进入，许多企业在华设立研发中心，产生了强大的技术与人才的溢出。这些极大地促进了中国高新技术产业的管理水平、技术能力的提升，使得技术创新效率得到了不断的改善。

样本期间高新技术产业技术创新的全要素生产率变化的原因可以通过其分解得到的技术效率变化和技术进步变化进行合理的解释。从整个高新技术产业平均来看（表 4-3 最后一行所示），2001/2005 年、2005/2009 年、2001/2009 年技术创新的技术效率改进较为明显，分别增长了 29%、38.8%和 56.7%。而各个连续年度的技术效率变化并不稳定，2001/2002 年、2003/2004 年、2005/2006 年、2006/2007 年的技术效率有较弱的恶化趋势。而从技术进步对全要素生产率变化的贡献来看（表 4-4 最后一行所示），2001/2005 年的技术进步较为明显，增长了 36.6%，2005/2009 年的技术进步呈现了退步的趋势，降低了 18.3%，2001/2009 年的技术进步并不明显。从各个连续年度的技术进步变化来看，2002/2003 年、2007/2008 年、2008/2009 年出现了技术退步趋势，其他年度则有较大的改进。总体来说，2001～2009 年中国高新技术产业技术创新的全要素生产率的提高主要归功于技术效率的极大改善，而技术进步并不明显，说明了中国高新技术产业技术创新主要靠管理水平的改善、资源利用效率的提高等实现，关键核心技术和重大高新技术的研发和应用相对缺乏，主要以引进技术的消化吸收、现有技术改造及以此产生的成果转化为主，没有出现显著的技术进步推动创新效率的改善。

表 4-2 高新技术产业技术创新的全要素生产率指数变化（2001～2009 年）①

年份	2001/2002	2002/2003	2003/2004	2004/2005	2005/2006	2006/2007	2007/2008	2008/2009	2001/2005	2005/2009	2001/2009
行业 1	1.443***	1.082	1.168***	1.279***	1.011	0.803***	1.033	1.113***	1.970***	0.828***	1.565***
行业 2	0.729***	1.134	1.118	2.067***	0.813***	0.820***	0.957	0.930***	1.913***	0.612***	1.041
行业 3	1.967***	1.381*	0.726***	3.385***	0.622***	1.474***	0.995	0.958	3.978***	0.976	2.654***
行业 4	1.478***	1.713***	0.442***	1.434***	0.939**	1.069**	1.023	0.581***	1.145***	0.631***	1.201
行业 5	1.385**	1.080**	1.314***	1.375***	1.530***	1.192***	0.829***	1.363***	3.007***	1.927***	2.322***
行业 6	2.575***	0.631*	2.059***	1.115	0.764***	1.889***	0.674***	0.985	6.060***	1.054	2.896***
行业 7	0.865	1.722***	1.270***	0.636***	1.083	0.987	1.156***	0.985	0.976	0.969	1.212*
行业 8	0.504***	1.888***	1.478***	0.821**	1.118	0.836*	0.769***	1.215***	0.609**	0.908	0.632***
行业 9	1.498***	1.037	1.044	0.939	0.957**	1.131	0.956	0.675***	1.403**	0.626***	0.855
行业 10	0.228***	1.737***	0.200***	2.665***	4.310***	0.912	1.121	0.989	0.242***	4.549***	1.085
行业 11	2.017***	1.031	0.961	0.818***	2.571***	0.787***	0.661***	0.789	1.251**	1.010	1.224
行业 12	2.205***	0.573***	0.930	1.073	1.153	0.663***	1.081***	0.628***	1.266***	0.602**	0.879
行业 13	4.438***	0.131***	0.977	1.473	0.776*	0.647**	1.268***	0.395***	0.659***	0.494***	0.450***
行业 14	0.836**	1.579***	0.534***	4.207***	1.088	1.380***	0.757***	0.532***	2.722***	0.633***	1.784***
行业 15	1.549***	0.878***	1.451	0.609***	1.651***	0.900***	1.215***	0.867***	1.074	1.525***	2.404***
A. mean	0.865	1.071	1.080	1.150	1.091	1.010	1.014	0.941	1.420	0.949	1.301
G. mean	0.865	1.070	1.067	1.134	1.090	1.006	1.013	0.938	1.885	1.156	1.480

*、**、*** 分别表示在 10%、5%、1%显著性水平上显著；A. mean 和 G. mean 分别表示算数平均值和几何平均值。

① 表 4-2、表 4-3、表 4-4 中的行业 1～行业 15 分别代表化学药品制造、中成药加工、生物生化制品制造、飞机制造及修理、通信设备制造、广播电视设备制造、电子器件制造、电子元件制造、家用视听设备制造、其他电子设备制造、电子计算机整机制造、电子计算机外部设备制造、办公设备制造、医疗设备及器械制造、仪器仪表制造等 15 个行业。

表 4-3　高新技术产业技术创新的技术效率指数变化（2001～2009 年）

年份	2001/2002	2002/2003	2003/2004	2004/2005	2005/2006	2006/2007	2007/2008	2008/2009	2001/2005	2005/2009	2001/2009
行业 1	1.819*	1.099	0.911	0.857	0.906	0.887	1.165	1.738***	1.562	1.625*	2.538***
行业 2	0.978	1.022	1.000***	0.920	1.051	0.562***	1.073	1.205	0.920	0.764**	0.703**
行业 3	1.734*	1.443	0.623	1.600*	0.641*	1.538*	1.069	1.375*	2.495***	1.450	3.617***
行业 4	1.262	2 000***	0.384***	1.132	1.154	1.352	1.150	0.823	1.098	1.478	1.623
行业 5	0.890	1.138	1.587**	1.000***	1.000***	1.000***	1.000***	1.000***	1.607	1.000***	1.607
行业 6	3.856***	0.684	1.462**	1.000***	0.801	1.249	0.796	1.159	3.856***	0.923	3.560***
行业 7	0.510***	1.851**	1.625**	0.529***	1.012	0.911	1.355*	1.331**	0.811	1.662*	1.347
行业 8	0.270***	2.580***	1.446***	0.521***	1.080	1.001	0.856*	1.733***	0.525***	1.602*	0.841**
行业 9	0.702	1.424	1.000***	1.000***	0.825	0.996	1.105	1.101	1.000***	1.000***	1.000***
行业 10	0.505***	1.979***	0.176***	1.619*	3.511***	0.894	1.118	1.000***	0.285***	3.511***	1.000***
行业 11	1.000***	1.000***	1.000***	1.000***	1.000***	1.000***	1.000***	1.000***	1.000***	1.000***	1.000***
行业 12	1.000***	1.000***	1.000***	1.000***	1.000***	0.888	1.126	1.000***	1.000	1.000***	1.000***
行业 13	1.000***	0.675**	1.217	1.163	0.929	0.822	1.372	0.785*	0.955	0.822	0.785**
行业 14	0.955	1.520**	0.494***	2.024***	1.000***	1.000***	1.000***	0.788*	1.451	0.788*	1.143
行业 15	2.100***	0.923	1.083	0.375***	1.512***	1.036	1.294**	1.086	0.788	2.201***	1.734*
A. mean	0.957	1.105	0.959	1.018	0.970	1.004	1.108	1.075	1.081	1.262	1.364
G. mean	0.941	1.075	0.930	1.009	0.963	0.992	1.099	1.066	1.290	1.388	1.567

*、**、*** 分别表示在 10%、5%、1%显著性水平上显著；A. mean 和 G. mean 分别表示算数平均值和几何平均值。

表 4-4　高新技术产业技术创新的技术进步指数变化（2001～2009 年）

年份	2001/2002	2002/2003	2003/2004	2004/2005	2005/2006	2006/2007	2007/2008	2008/2009	2001/2005	2005/2009	2001/2009
行业 1	0.793	0.984	1.283	1.492***	1.117	0.906	0.887	0.640***	1.262*	0.509***	0.617
行业 2	0.745	1.109	1.118	2.246***	0.773	1.459*	0.891	0.772	2.079***	0.800	1.480***
行业 3	1.135	0.957	1.164	2.116***	0.970	0.958	0.931	0.697**	1.594**	0.673	0.734
行业 4	1.171	0.857	1.149	1.267	0.814	0.791	0.890	0.706***	1.043	0.427***	0.740
行业 5	1.557***	0.949	0.828	1.375	1.530	1.192	0.829	1.363**	1.871**	1.927***	1.445***
行业 6	0.668	0.923	1.408	1.115	0.955	1.513**	0.847	0.850	1.572**	1.141	0.813
行业 7	1.697**	0.931	0.782*	1.203	1.070	1.083	0.853	0.740**	1.204	0.583**	0.900
行业 8	1.866*	0.732	1.023	1.575**	1.035	0.835	0.898	0.701***	1.160	0.566**	0.751
行业 9	2.132**	0.728	1.044	0.939	1.160	1.136	0.866	0.612***	1.403*	0.626*	0.855
行业 10	0.451	0.878	1.135	1.646***	1.228	1.019	1.002	0.989	0.850	1.296*	1.085
行业 11	2.017**	1.031	0.961	0.818	2.571***	0.787	0.661	0.789	1.251	1.010	1.224**
行业 12	2.205**	0.573	0.930	1.073	1.153	0.747	0.960	0.628***	1.266	0.602	0.879
行业 13	4.438***	0.194***	0.803	1.266	0.835	0.787	0.924	0.503***	0.690	0.601	0.573
行业 14	0.876	1.039	1.081	2.078***	1.088	1.380*	0.757	0.676	1.876**	0.804	1.561***
行业 15	0.738	0.951	1.339	1.624***	1.093	0.869	0.938	0.798	1.363	0.693	1.386***
A. mean	1.259	0.805	1.054	1.397	1.107	1.003	0.872	0.744	1.313	0.752	0.953
G. mean	1.499	0.856	1.070	1.456	1.159	1.031	0.876	0.764	1.366	0.817	1.003

*、**、*** 分别表示在 10%、5%、1%显著性水平上显著；A. mean 和 G. mean 分别表示算数平均值和几何平均值。

从各个具体的行业来看，三个技术创新效率指数的估计值存在明显差异。如行业8（电子元件制造业）在2001/2002年技术创新的全要素生产率下降了49.6%，原因是由于技术效率出现了大幅度下降，尽管技术进步达到86.6%的改进，但技术效率指数与技术进步指数乘积所表示的全要素生产率指数依然下降；而行业1（化学药品制造业）在2001/2002年的全要素生产率增长了44.3%，尽管技术出现了退步（20.7%），但是技术效率的提高达到了81.9%。总体来看，2001/2005年、2001/2009年，多数行业的技术创新效率有所提高，达到11个行业，只有4个行业的效率下降；2005/2009年有10个行业的技术创新效率下降，只有5个行业的效率有所提高。应该根据不同行业的特征，分析效率变化的深层次原因，找到提高技术创新效率的有效对策。

另外，为了提高研究结论的稳健性，采用Bootstrap方法对技术创新效率变化的显著性进行了估计，结果表明，使用DEA-malmquist方法得到的全要素生产率变化及其分解并不一定是显著的，这使得研究结论的稳健性和可靠性值得怀疑。使用Bootstrap方法，通过2000次重复抽样，得到了2000个伪样本进行估计，我们分别给出了90%、95%和99%的置信区间，据此给出了每一个效率指数估计值的显著性。从2001/2002年到2008/2009年高新技术产业技术创新的全要素生产率变化来看，行业1（化学品制造业）的估计结果中2002/2003年、2005/2006年和2007/2008年的值是不显著的，其他的值在1%的显著性水平下显著。而行业11（电子计算机整机制造业）的估计结果中2002/2003年、2003/2004年和2008/2009年的值是不显著的，其他的值在1%的显著性水平下显著。从更长时间跨度2001/2009年来看，15个行业中有11个行业的全要素生产率呈现了增长趋势（只有行业8、9、12、13出现了下滑），但是15个行业估计值中有6个行业（行业2、4、9、10、11、12）的估计值是不显著的，8个行业的估计值在1%的显著性水平下显著，1个行业的估计值在10%的显著性水平下显著。这说明中国高新技术产业中相当一部分行业在近10年来的技术创新效率并没有发生变化，研发资源投入的增加没有带来技术创新能力的显著提高的根源在于创新效率并没有得到显著改善。

从表 4-3 中高新技术产业技术创新的技术效率变化来看，行业 11（电子计算机整机制造业）在各个连续年度和年度区间的效率没有发生明显改变，行业 12（电子计算机外部设备制造）的效率也基本上没有发生变化。Bootstrap 方法的估计结果显示，高新技术产业技术创新的技术效率在各个年度的变化的显著性不高。例如，行业 1（化学品制造业）的技术效率变化只有 2001/2002 年、2008/2009 年、2005/2009 年和 2001/2009 年是显著的，其余年度均没有发生显著变化；而行业 4（飞机制造及修理业）的技术效率变化只有 2002/2003 年和 2003/2004 年是显著的。从各个行业在 2001/2005 年的技术效率变化来看，有 6 个行业（行业 3、6、8、9、10、11）的估计值在 1%的显著性水平下显著，其余各个行业均不显著。而 2005/2009 年、2001/2009 年期间技术效率变化显著的行业都为 11 个。整体来看，各个连续年度技术效率发生变化的 95 个估计值中，分别有 20、8 和 11 个值在 1%、5%和 10%的显著性水平下显著。而三个年度区间的技术效率变化的显著值比例相对较高。

从表 4-4 中高新技术产业技术创新的技术进步变化情况来看，各个连续年度的行业技术退步的估计值有 65 个，通过 Bootstrap 方法的显著性检验显示，其中分别有 7、2 和 1 个估计值在 1%、5%和 10%的显著性水平下显著，其余的 55 个估计值并不显著。各个连续年度的行业技术进步的估计值有 55 个，但是只有 9 个值在 1%的显著性水平下显著，5 个值在 5%的显著性水平下显著，3 个值在 1%的显著性水平下显著。从各个行业在 2001/2009 年的技术进步情况来看，技术进步的行业有 6 个，其中 5 个行业的估计值显著，技术退步的行业有 9 个，其估计值全部不显著。

以上的分析说明，在多数情况下，高新技术产业技术创新的全要素生产率变化、技术效率变化和技术进步变化的估计值是不显著的，因此依据对高新技术产业技术创新效率的原始估计值而得出的结论不一定是准确的，需要谨慎（Simar and Wilson，1999）。

为了便于对研究结果的理解，表 4-5 给出了 2001/2005 年、2005/2009 年和

2001/2009 年三个区间的高新技术产业各个行业技术创新效率的 Bootstrap 估计结果的概要。从中我们能够清晰地看到高新技术产业中 15 个细分行业的三种技术创新效率指数变化在不同年度区间的变化情况及其显著性，通过 DEA-Malmquist 方法得到的技术创新效率指数有多数是不显著的，这也充分说明了现有研究中大部分文献的研究结论值得商榷。

表 4-5　高新技术产业技术创新效率变化的 Bootstrap 估计结果概要

效率变化		2001/2005 年				2005/2009 年				2001/2009 年			
		原始估计值	1%	5%	10%	原始估计值	1%	5%	10%	原始估计值	1%	5%	10%
全要素生产率变化	增长	11	8	2	—	5	3	—	—	11	6	—	1
	衰退	4	2	1	—	10	6	1	—	4	2	—	—
	不变	0	—	—	—	0	—	—	—	0	—	—	—
技术效率变化	增长	6	2	—	—	7	2	—	3	8	3	—	1
	衰退	3	2	—	—	4	—	1	1	3	—	3	—
	不变	6	—	—	—	4	—	—	—	4	—	—	—
技术进步变化	增长	13	1	4	2	4	1	—	1	6	4	1	0
	衰退	2	—	—	—	11	2	2	1	9	—	—	—
	不变	0	—	—	—	0	—	—	—	0	—	—	—

第五节　高新技术产业技术创新效率的 Bootstrap 纠偏结果分析

为了进一步说明中国高新技术产业技术创新的技术效率情况，表 4-6～表 4-8 中分别给出了 2001 年、2005 年和 2009 年的 Bootstrap 方法的技术效率估计结果和统计推断。从技术效率的原始估计值来看，每年约有一半的行业的技术创新过程处于生产前沿面之上（技术效率 1=1）。但是，这些估计结果是存在偏差的，很难据此来区分行业之间的创新效率差异（Ferrier and Hirschberg，1997）。

在这种情况下，Bootstrap方法就是一种有效解决办法。表4-6～表4-8的2～7列分别给出了原始的DEA估计量、Bootstrap纠偏的DEA估计量、经Bootstrap纠偏得到的DEA偏差估计量、DEA偏差估计量的方差、Bootstrap纠偏的技术效率的95%置信区间上下界。这些估计结果说明了样本变化带来的效率测度的敏感变化，经过Bootstrap纠偏的DEA效率值比未纠偏的DEA效率值要低，这是因为Bootstrap方法考虑到了前沿面的非效率因素。

表4-6　Bootstrap纠偏的技术效率指数（2001年）

行业	技术效率1	技术效率2	偏差	偏差方差	置信区间下界	置信区间上界
行业1	0.480 9	0.363 8	0.117 09	0.005 8	0.347 8	0.472 2
行业2	1.000 0	0.408 5	0.591 48	0.415 6	0.588 3	0.982 5
行业3	0.217 8	0.161 3	0.056 43	0.002 0	0.150 3	0.214 5
行业4	0.241 2	0.195 4	0.045 73	0.000 8	0.181 8	0.237 3
行业5	1.000 0	0.440 8	0.559 19	0.352 3	0.593 2	0.987 0
行业6	1.000 0	0.237 0	0.762 96	1.092 4	0.561 3	0.984 3
行业7	0.719 7	0.579 8	0.139 86	0.009 9	0.532 9	0.711 7
行业8	0.845 6	0.666 2	0.179 37	0.020 1	0.607 5	0.836 7
行业9	1.000 0	0.517 8	0.482 11	0.199 9	0.617 0	0.982 4
行业10	1.000 0	0.173 1	0.826 87	1.190 0	0.560 2	0.980 6
行业11	1.000 0	0.337 0	0.662 99	0.632 3	0.572 2	0.984 0
行业12	1.000 0	0.479 1	0.520 89	0.244 1	0.606 4	0.984 9
行业13	1.000 0	0.276 8	0.723 18	0.978 3	0.560 9	0.980 7
行业14	0.808 3	0.594 6	0.213 64	0.030 9	0.549 8	0.797 3
行业15	0.558 7	0.405 4	0.153 26	0.026 2	0.364 7	0.550 8

注：“技术效率1”表示未经Bootstrap纠偏的DEA估计量，“技术效率2”表示经Bootstrap纠偏的DEA估计量，“偏差”表示经Bootstrap纠偏得到的DEA偏差估计量，其中：技术效率2=技术效率1－偏差。“偏差方差”表示DEA偏差估计量的方差，置信区间上下界表示“技术效率2”的95%Bootstrap置信区间上下界。表4-7、表4-8的指标解释与表4-6相同。

如表4-6所示，2001年15个行业的Bootstrap纠偏技术效率指数较原始的估计值有所下降，有些行业下降较多，超过了0.5（如行业2、5、6、10、11、12、13）。其中，那些处于生产前沿面上的行业（原始效率估计值为1）的效率纠偏值下降得更为严重，基本上都超过了0.5。对于2005年、2009年（表4-7

和表 4-8）的研究结论与此类似。从行业比较来看，以 2009 年为例，行业 4（飞机制造及修理）的技术效率值 0.26，远远低于其他行业，说明了以国有企业占主导地位的飞机制造及修理行业的技术创新过程的资源浪费比较严重，管理水平有待提高，高投入没有带来高产出，造成行业整体的技术创新效率较低。而技术创新效率较高的行业有广播电视设备制造业、电子器件制造业、家用视听设备制造、电子计算机整机制造业、电子计算机外部设备制造业和仪器仪表制造业（行业 6、7、9、11、12、15），多数为 IT 行业。为了更准确地解释 Bootstrap 纠偏的 DEA 估计量，我们也要考虑技术效率的置信区间信息，因为它给出了真实效率的统计位置。一般来说，置信区间越宽，重叠的可能性就越高，90％的置信区间发生重叠的情况会很少，而 99％的置信区间发生重叠的情况会更多。如表 4-7 所示，行业 6 与行业 9、11、12、15 的置信区间的重叠度很高，尽管它们的纠偏效率值有所差异。不管是多大的置信区间，在多数情况下，也没有充足的证据说明两个行业的效率是相等的。因此，当以原始的技术效率估计值来比较各个行业的效率差异时，应该十分谨慎。

表 4-7　Bootstrap 纠偏的技术效率指数（2005 年）

行业	技术效率 1	技术效率 2	偏差	偏差方差	置信区间下界	置信区间上界
行业 1	0.656 6	0.511 1	0.145 43	0.007 8	0.487 6	0.643 4
行业 2	1.000 0	0.448 9	0.551 00	0.140 1	0.636 1	0.981 8
行业 3	0.548 6	0.359 2	0.189 31	0.024 6	0.360 0	0.537 8
行业 4	0.301 2	0.220 1	0.081 09	0.002 5	0.214 3	0.294 1
行业 5	1.000 0	0.290 1	0.709 82	0.434 9	0.585 9	0.977 4
行业 6	1.000 0	0.263 7	0.736 29	0.498 4	0.580 3	0.975 9
行业 7	0.566 1	0.388 3	0.177 78	0.014 6	0.387 0	0.553 0
行业 8	0.574 9	0.418 2	0.156 65	0.007 3	0.417 2	0.560 2
行业 9	1.000 0	0.502 0	0.497 92	0.106 6	0.645 8	0.972 7
行业 10	0.287 8	0.192 0	0.095 72	0.003 3	0.200 4	0.280 7
行业 11	1.000 0	0.446 3	0.553 64	0.173 8	0.622 1	0.976 4
行业 12	1.000 0	0.363 9	0.636 08	0.309 6	0.599 1	0.981 8
行业 13	1.000 0	0.278 2	0.721 75	0.411 4	0.589 6	0.981 8
行业 14	1.000 0	0.413 3	0.586 66	0.209 7	0.611 4	0.979 9
行业 15	0.446 0	0.300 8	0.145 15	0.007 1	0.314 4	0.433 3

表 4-8　Bootstrap 纠偏的技术效率指数（2009 年）

行业	技术效率 1	技术效率 2	偏差	偏差方差	置信区间下界	置信区间上界
行业 1	0.736 6	0.670 7	0.065 85	0.001 9	0.621 2	0.732 8
行业 2	0.837 7	0.771 4	0.066 26	0.001 9	0.715 4	0.833 0
行业 3	0.788 2	0.714 4	0.073 70	0.003 2	0.652 1	0.783 1
行业 4	0.286 7	0.259 1	0.027 59	0.000 5	0.232 3	0.284 6
行业 5	1.000 0	0.673 4	0.326 50	0.364 6	0.582 8	0.993 9
行业 6	1.000 0	0.830 0	0.169 93	0.018 8	0.750 0	0.993 7
行业 7	1.000 0	0.874 6	0.125 32	0.006 6	0.806 0	0.994 0
行业 8	0.730 9	0.669 9	0.060 90	0.001 5	0.623 6	0.727 8
行业 9	1.000 0	0.845 2	0.154 74	0.012 5	0.773 7	0.994 1
行业 10	1.000 0	0.775 8	0.224 10	0.077 9	0.648 4	0.994 6
行业 11	1.000 0	0.854 6	0.145 30	0.015 3	0.784 0	0.992 3
行业 12	1.000 0	0.826 3	0.173 68	0.019 0	0.752 2	0.994 7
行业 13	1.000 0	0.682 8	0.317 16	0.348 2	0.584 1	0.995 7
行业 14	0.847 5	0.768 1	0.079 32	0.004 7	0.690 4	0.842 0
行业 15	1.000 0	0.838 8	0.161 14	0.013 7	0.777 5	0.993 8

总体来看，经过 Bootstrap 纠偏的 DEA 效率值有所降低，尽管高新技术产业的各个行业之间的创新效率差异还是十分明显，但是从 2001 年、2005 年和 2009 年的纠偏技术效率的比较来看，我国高新技术产业技术创新效率整体处于不断的改善之中。其主要原因在于近年来我国高新技术产业的市场化程度和对外开放程度不断提高，高新技术产业整体规模不断扩大，管理水平逐步改善，企业创新主体地位逐渐确立，各个行业的效率都有了较大幅度的改善，促进了整个行业技术创新过程的全要素生产率的提高，提升了行业的技术创新能力。

第六节　本章小结

本章运用 Bootstrap-Malmquist 方法对中国高新技术产业（2001～2009 年）

的技术创新效率变动进行了测算。运用 DEA-Malmquist 指数法不仅可以对技术创新的 TFP 进行测算，而且能够对 TFP 作进一步分解。而引入 Bootstrap 方法估计技术效率变化及其置信区间，通过 Bootstrap 纠偏提高了效率测度的准确性和稳健性。研究结论如下：

（1）从高新技术产业技术创新的 TFP 变化测算结果来看，2001/2009 年整个高新技术产业技术创新的全要素生产率变化平均值为 148%。除了 2001/2002 年、2008/2009 年的全要素生产率变化低于 1 以外，其余各年的值都大于 1，说明近年来我国高新技术产业的技术创新效率处于不断改善的趋势。从全要素生产率变化的分解来看，2001/2005 年、2005/2009 年、2001/2009 年的技术效率改进较为明显，而各个连续年度的技术效率变化并不稳定；而从技术进步对全要素生产率变化的贡献来看，2001/2005 年较为明显，增长了 36.6%，2005/2009 年的技术进步呈现了退步的趋势，降低了 18.3%，2001/2009 年的技术进步并不明显，各个连续年度的技术进步变化并不稳定。

（2）Bootstrap 方法对高新技术产业技术创新效率测算结果的显著性估计表明，基于 DEA-Malmquist 方法得到的全要素生产率变化及其分解指数并不一定是显著的，这也验证了已有的大部分文献的研究结论值得商榷。从 2001/2009 年的 DEA-Malmquist 全要素生产率变化来看，11 个行业（约占 80%）呈现增长的趋势。但是，只有 7 个行业的全要素生产率估计值是显著的。技术效率指数和技术进步指数的估计结果具有类似的情况，发生技术退步的行业估计值全部不显著。

（3）Bootstrap 方法对高新技术产业技术创新的技术效率纠偏估计结果表明，各个行业的平均技术效率值较高，并且在整个样本期间变化不大，但是各个行业之间的技术效率值差异较大，经 Bootstrap 纠偏的技术效率值会有所减小，整个高新技术产业的技术创新效率呈现不断改善的趋势。

从研究结果来看，尽管我国高新技术产业的技术创新效率处于逐步改善之中，但是技术创新效率和能力与发达国家相比还有较大差距。因此，国家应继续加大对高新技术产业的研发支持力度，优化高新技术产业的内部结构，提高产业集中度，扩大高新技术产业对外开放，形成较为充分的竞争环境，加大对内资高新技术企业的政策扶持力度，促进我国高新技术产业技术创新能力和国际竞争力的提高。

第五章
高新技术产业技术创新效率的区域差异分析

20 世纪下半叶，以信息、生物等为代表的高新技术取得了巨大进步，高新技术产业作为知识密集、技术密集型的产业迅速崛起，同时也带动了各国产业结构的调整和产品技术的升级，其发展状况直接影响到一个国家在世界经济格局中的地位和作用。目前，我国高新技术产业已经成为国民经济中增长最为迅速的产业，形成了珠三角、长三角和环渤海三大高新技术产业发展密集区。但是，与经济发展的区域不平衡性相似，我国高新技术产业的发展同样呈现明显的区域差异，以 2011 年为例，我国东部地区高新技术产业的总产值达到 72 218.8亿元，而中、西部地区的总和为 16 215 亿元，仅为东部地区的 1/5 左右。高新技术产业的技术创新投入产出与产业规模高度相关，2011 年，我国东部地区高新技术产业的专利申请数达到 68 428 项，所占比重为 88.04%，而中、西部地区的专利申请数总和为 9297 项，所占比重仅为 11.96%。东部地区高新技术产业的 R&D 经费达到 1038.8 亿元，占比为 83.9%，R&D 人员达到 350 839人年，占比为 82.2%，远远高于中、西部地区，各个省（自治区、直辖市）之间的差异更大，高新技术产业技术创新的区域极度不平衡。

高新技术产业具有高投入、高风险、高科技含量的产业特点，技术创新能力对高新技术产业的发展至关重要，而技术创新效率是决定产业技术创新能力的关键。在我国各省（自治区、直辖市）高新技术产业的技术创新投入产出都呈现不断增长的趋势下，高新技术产业技术创新的效率值得关注。因此，合理评价我国各省（自治区、直辖市）高新技术产业的技术创新效率，认清技术创新效率的现状和差距，分析效率的影响因素及作用机制，制定促进各省市高新技术产业技术创新效率的提升和协调发展的科学对策，对于区域经济社会发展、产业结构优化和区域创新能力的提高都具有重要意义。

第一节 中国高新技术产业技术创新的区域发展水平

受经济地理因素的影响，中国高新技术产业的发展和技术创新规模也存在明显的区域差异。如表 5-1 所示，2011 年，中国东部地区高新技术产业的专利申请数达到 68 428 项，所占比重为 88.04%，而中部地区和西部地区的专利申请数总和为 9297 项，所占比重仅为 11.96%[①]。从各个省市高新技术产业专利申请数来看，排名前八位的省（自治区、直辖市）全都在东部地区，前三位的广东、江苏和北京的专利申请数分别为 36 742 项、9659 项和 5184 项，而后三位的内蒙古、新疆、宁夏的专利申请数分别为 14 项、16 项和 54 项，数量相差悬殊。各省（自治区、直辖市）高新技术产业新产品销售收入的位次与专利申请数的位次基本一致。

表 5-1 中国各省市高新技术产业的技术创新产出位次（2011 年）

东部地区			中部地区			西部地区		
省份	专利	新产品	省份	专利	新产品	省份	专利	新产品
北京	3	4	山西	22	22	广西	25	25
天津	7	8	内蒙古	29	28	重庆	14	9
河北	19	18	吉林	20	19	四川	16	16
辽宁	15	11	黑龙江	17	20	贵州	23	24
上海	6	6	安徽	11	12	云南	21	21

① 沿袭中国传统的东、中、西部划分，将 30 个省市进行区域划分，东部包括北京、天津、河北、辽宁、上海、江苏、浙江、福建、山东、广东、海南等 11 个省（自治区、直辖市），中部包括山西、内蒙古、吉林、黑龙江、安徽、江西、河南、湖北、湖南等 9 个省（自治区、直辖市），西部包括广西、重庆、四川、贵州、云南、陕西、甘肃、青海、宁夏、新疆等 10 个省（自治区、直辖市），西藏数据缺失较多，故剔除。

续表

东部地区			中部地区			西部地区		
省份	专利	新产品	省份	专利	新产品	省份	专利	新产品
江苏	2	2	江西	18	15	陕西	13	14
浙江	5	7	河南	12	17	甘肃	24	23
福建	8	5	湖北	10	10	青海	—	30
山东	4	3	湖南	9	13	宁夏	27	26
广东	1	1				新疆	28	27
海南	26	29						

资料来源：《中国高技术产业统计年鉴》(2012年)，北京：中国统计出版社。

注："—"代表数据缺失。

2011年，中国高新技术产业的技术创新投入同样存在显著的区域差异。如表5-2所示，以R&D经费内部支出和R&D人员全时当量两个技术创新投入指标为例，东部地区高新技术产业的R&D经费达到1038.8亿元，占比为83.9%，R&D人员达到350 839人年，占比为82.2%，远远高于中、西部地区。从各省（自治区、直辖市）的具体情况来看，广东、江苏、山东、浙江的R&D经费和R&D人员一直位居前四位，而青海、内蒙古、海南和宁夏排位最后。以广东为例，高新技术产业的R&D经费和R&D人员分别达到455.2亿元和167 069人年，超过中、西部所有省份之和的199.1亿元和75 880人年。

表5-2 中国各省市高新技术产业的技术创新投入位次（2011年）

东部地区			中部地区			西部地区		
省份	R&D经费	R&D人员	省份	R&D经费	R&D人员	省份	R&D经费	R&D人员
北京	5	9	山西	23	22	广西	21	23
天津	11	10	内蒙古	29	29	重庆	19	19
河北	17	14	吉林	20	20	四川	12	16
辽宁	7	17	黑龙江	14	15	贵州	26	25
上海	6	6	安徽	13	13	云南	22	21
江苏	2	2	江西	16	12	陕西	9	8
浙江	4	3	河南	18	11	甘肃	24	24
福建	8	5	湖北	10	7	青海	30	30
山东	3	4	湖南	15	18	宁夏	28	27
广东	1	1				新疆	25	26
海南	27	28						

资料来源：《中国高技术产业统计年鉴》(2012年)，北京：中国统计出版社

我国高新技术产业发展的区域差异与经济发展的区域不平衡性紧密相关，东部地区拥有优越的地理环境、开放的经济环境、丰富的要素资源禀赋，以及各种优惠的政策措施，具有良好的基础设施和人才储备，支撑高新技术产业的迅速发展和壮大。而中、西部地区由于经济发展落后，基础设施环境不完备，难以吸引和培养高端科技人才，政策扶持力度不够等等，高新技术产业发展缓慢，规模较小。高新技术产业规模的区域差异是影响高新技术产业技术创新的重要因素，与高新技术产业产值呈现的东部省份高度聚集类似，其技术创新的投入产出也呈现了区域极度不平衡和东部省份高度聚集现象。东部地区的高新技术产业规模大，容易形成规模经济和协同创新效应，区域内部的技术溢出和转移较为充分，人才流动性较高，市场竞争充分，高新技术产业的创新动力和能力都较强。而中、西部地区的高新技术产业规模小，很难为尖端技术的研发提供充足的资金、人力和基础设施等条件，技术水平相对落后，区域之间的技术溢出和转移仅限于承接东部地区的产业转移，外资企业的规模较小，内外资企业之间研发合作很难展开，高新技术产业的创新投入产出都较低。近年来，我国各个省（自治区、直辖市）高新技术产业技术创新的投入产出都呈现增长趋势，但是技术创新的区域不平衡性也在不断加剧，需要深入分析，找到高新技术产业的区域均衡协调发展的对策。

第二节　区域视角的高新技术产业技术创新效率相关研究

有关技术创新效率的内涵学术界还没有权威的界定，本书将技术创新效率定义为一种创新过程的技术效率，测度创新投入与创新产出之间的转换关系。目前对高新技术产业技术创新的研究主要是从创新能力和创新效率两个角度来进行的。在创新能力方面，蒋殿春和夏良科（2005）测算了外商直接投资对中国高新技术产业的作用，考虑到不同所有制企业创新能力的不同，验证了外资的影响因企业性质的不同而不同。范爱军和刘云英（2006）运用面板数据模型，在区分企业规模的基础上测算了中国高新技术产业技术创新各种影响因素的作用。蒋殿春和张宇（2006）通过对中国高新技术产业面板数据的分析，探讨了技术外溢效应的存在性以及行业特征对其的影响。张倩男和赵玉林（2007）构建了高新技术产业技术创新能力的评价体系，对高新技术产业的技术创新能力进行了实证分析，认为高新技术产业各部门的技术创新能力存在着明显的差异。张倩肖和冯根福（2007）认为，外资企业的R&D溢出对提高中国本地企业技术创新能力有重要作用。在创新效率方面，朱有为和徐康宁（2006）采用随机前沿生产函数分析了中国高新技术产业的研发效率，指出中国高新技术产业的研发效率整体较低，但呈现逐步上升的趋势。余泳泽和武鹏（2010）、邓路和高连水（2009）、白俊红（2011）也采用SFA方法进行了类似的研究。吴和成（2008）运用DEA和超效率DEA模型对中国五个高新技术产业的R&D效率进行分析，获得了中国“十五”期间高新技术产业R&D效率的基本情况。官建成和陈凯华（2009）通过将DEA方法的松弛测度模型和临界效率模型结合测度了中国高新技术产业创新活动的技术效率、纯技术效率和规模效率。研究表明，中国高新技术产业的纯技术效率在逐年改善，但规模效率较差，并且呈现逐年削弱的状态。

现有的研究成果对本章研究的展开具有重要的借鉴意义，但是缺乏对中国省际高新技术产业技术创新效率的深入系统研究，同时，研究模型的选择较为单一，变量指标的选取不尽合理，影响了研究结论的稳健性。本章使用三阶段DEA模型——三阶段DEA模型广泛应用于其他行业的研究，如黄宪等（2008）、郭军华等（2010）、陶长琪等（2011）——与Bootstrap方法——如Tortosa-Ausina等（2006）、王亚华等（2008）——相结合，对中国省际高新技术产业的技术创新效率进行了测算，并给出了效率估计值的置信区间，保证了研究结论的准确性和稳健性。同时，也分析了各省（自治区、直辖市）高新产业技术创新效率的主要影响因素，并提出了相应的政策建议。

第三节　高新技术产业技术创新效率的区域差异分析方法与指标选择

一、高新技术产业技术创新效率的区域差异分析方法

从区域视角对高新技术产业技术创新效率进行分析所采用的方法与行业视角的研究类似，首先采用 Fried 等（2002）提出的排除环境变量和随机误差影响的三阶段 DEA 模型进行不同省市高新技术产业技术创新效率的测算，然后采用 Bootstrap 方法通过重复抽样来将三阶段 DEA 模型测算出来的效率值进行统计推断，进而修正效率估计值的偏差并给出置信区间。模型推导的具体过程见第三章和第四章。

二、高新技术产业技术创新效率区域差异分析的指标选择

1. 技术创新投入与产出变量

创新的含义不仅体现于 R&D 创新活动的实现，还体现在 R&D 创新成果在经济上的实现，即创新成果的商业化，因此，R&D 成果和市场效益都应作为企业的创新成果。在创新活动的成果产出上，发明专利（IP）是高新技术产业 R&D 活动的直接输出，也是国际上通用的衡量科技创新的产出指标（Guan and Gao，2009），用申请授权的发明专利数作为创新活动的一个产出指标。此外，考虑到从商业上直观体现高新技术创新成果的价值，也是体现市场接受能力最好的指标（Liu and Buck，2007），因此，将新产品销售收入（SRNP）作为创新活动的经济成果产出指标。

在创新活动投入要素上，研发经费支出（RDE）和研发人员（RDP）是R&D活动实现的关键因素，应作为创新投入要素。新产品开发经费（NPE）和技术改造经费（TRE）因对创新产出有着直接的影响，也应作为创新活动的投入要素。

由于创新活动属于知识生产过程，创新产出不仅取决于当期R&D投入流量，而且还依赖于过去时期的R&D投入，所以创新投入应当是R&D经费存量，而不是R&D经费投入的当期流量。R&D经费存量计算采用如下方法得到：首先将不同年份的R&D经费支出利用组合R&D价格指数进行平减①。然后在各行业的R&D经费支出数据基础上，借鉴Griliches（1990）、Coe和Helpman（1995）、Goto和Suzuki（1989）的做法，采用下式计算得到：

$$\mathrm{RDE}_{i,t} = (1-\delta)\mathrm{RDE}_{i,t-1} + E_{i,t-1} \tag{5-1}$$

式中，$\mathrm{RDE}_{i,t}$、$\mathrm{RDE}_{i,t-1}$分别为第i个行业t年、$t-1$年的R&D经费存量；$E_{i,t-1}$为$t-1$年的R&D经费支出；δ为折旧率，根据Griliches（1990）对于研发资本折旧率的估算，这里设定$\delta=15\%$。

式（5-1）中，R&D经费存量计算需要初始年份各行业的R&D经费存量$\mathrm{RDE}_{i,0}$，其计算如下：

$$\mathrm{RDE}_{i,0} = E_{i,0}/(g+\delta) \tag{5-2}$$

式中，g为研究时段内R&D经费支出年均增长率；δ为折旧率；$E_{i,0}$为初始年份R&D经费支出量。得到初始R&D经费存量后，利用永续盘存法可得到后续年份的R&D经费存量。

新产品开发经费和技术改造经费的处理方法与R&D经费相同。

---

① 朱平芳和徐伟民（2003）将R&D支出价格指数设定为固定资产投资价格指数和消费价格指数的加权平均，其中前者权重0.45，后者权重0.55；朱有为和徐康宁（2006）亦有类似的设定，不过权重有所差别，两种指数的权重分别为0.75和0.25。本书中组合R&D价格指数是按照R&D经费构成中，劳务费、原材料和固定资产三者的大概比例，分别取0.4、0.3、0.3的比例，再分别乘以居民消费价格指数（CPI）、原材料动力燃料购进价格指数（PPI）、固定资产投资价格指数（FAIPI）的结果之和得到的。

2. 环境变量

环境变量应选取对高新技术产业创新效率产生影响但不在样本主观可控范围内的因素，它们既包括国家的宏观经济环境、政府的扶持激励政策等总体环境，同时也包括市场结构、所有制结构、规模、外资等行业特征因素。

(1) 市场结构。国内外学者关于市场结构对技术创新效率的影响意见不一，例如，Schumpeter (1943) 认为，垄断与研发有着密切的联系，高市场集中度的产业更有助于激励企业的 R&D 努力；而 Arrow (1962) 则认为，竞争性环境会给企业 R&D 带来更大的激励。目前，多数的研究并不支持垄断性市场结构有利于提高研发效率的观点。对于市场结构变量，通常用市场集中度来表征，代表性的有 4 企业集中率、8 企业集中率和赫芬达尔-赫希曼指数等。但是由于相关年鉴中无法找到计算集中率的详细数据，本章采用冯根福等，2006、朱有为和徐康宁 (2006) 的设计，用各行业企业数来表征。企业数不仅可以近似体现行业进入和退出壁垒的高低，还可以表征行业的竞争程度（冯根福等，2006），因而也是衡量市场结构的一项有效指标。

(2) 企业规模。企业规模和研发效率的关系也存在较多争论。Chen 等 (2004) 认为企业技术创新效率改善需要一定的规模经济性。Pavitt 等 (1987) 认为较小和较大企业的研发效率比中等企业更高，也即研发效率和企业规模之间呈现 U 形关系。对于企业规模变量，本章采用各行业企业的平均产值来表征，其值等于各行业总产值除以企业数。

(3) 所有制结构。国有企业和外资企业面临不同的市场环境和竞争条件仍然是不争的现实。在所有制结构与技术创新效率的关系方面，研究者们的观点较为一致，大都认为非国有企业的创新效率高于国有企业，外资企业的创新效率高于内资企业。本章采用外商投资企业比重和国有企业比重指标，通过两类企业的总产值除以行业总产值得到。

(4) 政府支持。在政府支持高新技术产业发展的相关政策方面，财政的扶持激励政策是对技术创新的重要政策之一，而政府支持是增加了企业总的R&D投入还是对企业R&D投入产生了挤出效应存在不确定性，因此政府支持对高新技术产业创新效率的作用需要进一步检验。本章选择采用R&D经费内部支出中政府资金比例，并考虑滞后一期，来衡量政府支持对高新技术产业技术创新效率的影响。

本章中使用的变量及其描述如表5-3所示。

表5-3　变量定义

变量	符号	单位	定义
创新产出1	IP	项	发明专利授权量
创新产出2	SRNP	万元	新产品销售收入
资本投入1	RDE	万元	R&D资本存量，用永续盘存法核算
资本投入2	NPE	万元	新产品开发经费存量，用永续盘存法核算
资本投入3	TRE	万元	技术改造经费存量，用永续盘存法核算
人员投入	RDP	人年	R&D人员全时当量，指报告年内R&D全时人员数加非全时人员按工作量折算成全时人员数的总和
市场结构	Stru	个	企业数
企业规模	Size	亿元/个	总产值/企业数，其中总产值用相应的工业品出厂价格指数折算成2010年不变价
所有制结构	Own1	1	国有及国有控股企业当年总产值/行业总产值
	Own2	1	外资企业当年总产值/行业总产值
政府支持	Gov	1	政府资金/R&D经费支出，并滞后一期

3. 样本和数据

经验表明，在利用数据包络分析进行评估时，决策单元的数目越多，越能界定投入与产出间的关系，越能获得更加符合实际的效率前沿面。如果决策单元的数目低于指标变量数目的和，那么会出现较多的有效单元。一个粗糙的潜规则是决策单元的数目不小于$\max\{3(m+s),m\cdot s\}$，其中m和s分别是投入产出指标的个数（Cooper等，2007）。基于此规则，本章选取《中国高技术产业统计年鉴》中30个省（自治区、直辖市）（西藏数据不完整，将其剔除，港澳台数据暂缺）的面板数据进行实证研究。另外，沿袭中国传统的东、中、西部划分，将30个省市进行区域划分研究。东部包括北京、天津、河北、辽宁、上海、江苏、浙江、福建、山东、广东、海南等11个省（自治区、直辖市），中部包括山西、内蒙古、吉林、黑龙江、安徽、江西、河南、湖北、湖南等9个省（自治区、直辖市），西部包括广西、重庆、四川、贵州、云南、陕西、甘肃、青海、宁夏、新疆等10个省（自治区、直辖市）。

由于从研发投入到新专利和新产品的诞生及商业化通常都需要一定的周期，即存在投入产出的时滞，同时各种创新活动周期存在较大差异性，且时有交叉，使得投入产出对应较难处理，目前没有一个统一的标准。发明专利也因为研发过程的复杂程度、试验周期，以及劳动强度等因素的差别，其时滞存在较大差异。此外，新产品的推出不但可以依靠新专利的经济价值的实现，而且可通过非专利性创新因素（如技术改造）来实现（Liu and Buck，2007），因此同样存在时滞差异。由于多数高新技术产业研发周期存在较大差异，从通信电子和信息产业的几个月到医药和航天制造的几年不等。本章为了统一口径，都统一为1年，因此投入数据为2009年，产出数据为2010年。各个指标变量的处理见表5-1。

第四节　区域高新技术产业技术创新效率的测算

通过将三阶段DEA方法与Bootstrap-DEA相结合，对2010年中国30个省（直辖市、自治区）（西藏和港澳台除外）的高新技术产业的技术创新效率进行了实证分析，结果如表5-4～表5-7所示。表5-4分为三个部分，1～3列分别给出了传统DEA模型测度的技术创新效率值；4～6列是利用环境变量和随机因素将各决策单元的研发投入（包括研发资本投入和研发人员投入）进行调整，而新产品开发投入、技术改造投入与产出变量均不变的“过渡”阶段DEA模型的技术创新效率值，以便考察环境变量和随机因素对研发投入的调整导致的第一、第三阶段的技术创新效率差异，具体表现为从第一阶段 DEA 到“过渡”DEA，再到第三阶段 DEA 的技术创新效率的变化路线；7～9 列给出了第三阶段 DEA 模型测度的技术创新效率值，即在把各决策单元的投入要素都进行调整的情况下，产出变量不变的技术创新效率值。表 5-7 反映了在第三阶段 DEA 模型测算的技术创新效率的基础上，利用 Bootstrap 方法对相对效率与绝对效率存在的偏差予以修正的结果。表 5-4 为环境变量分别对第一阶段 DEA 模型测算得到的各投入指标冗余量的 SFA 回归估计结果。在求解三阶段 DEA 模型的过程中，第一、第三阶段均使用 DEAP 2.1 软件，第二阶段使用了 Frontier 4.1 软件。求解“过渡”阶段 DEA 模型时仍然使用 DEAP 2.1 软件，最后的Bootstrap-DEA 方法，则利用 R 软件编程实现。

表 5-4　中国省际高新技术产业技术创新效率的三阶段 DEA 实证结果

省份	第一阶段 DEA 结果			调整研发投入的 DEA 结果			第三阶段 DEA 结果		
	TE (1)	PTE (2)	SE (3)	TE (4)	PTE (5)	SE (6)	TE (7)	PTE (8)	SE (9)
北京	1.000	1.000	1.000 (crs)	1.000	1.000	1.000 (crs)	1.000	1.000	1.000 (crs)
天津	1.000	1.000	1.000 (crs)	1.000	1.000	1.000 (crs)	1.000	1.000	1.000 (crs)
河北	0.492	0.504	0.977 (irs)	0.492	0.504	0.977 (irs)	0.495	0.521	0.950 (irs)
辽宁	0.351	0.352	0.995 (irs)	0.358	0.373	0.959 (irs)	0.358	0.373	0.959 (irs)
山东	0.592	0.699	0.847 (drs)	0.603	0.706	0.855 (drs)	0.603	0.706	0.855 (drs)
江苏	0.534	0.854	0.626 (drs)	0.538	0.855	0.629 (drs)	0.538	0.855	0.629 (drs)
上海	0.546	0.654	0.835 (drs)	0.556	0.66	0.843 (drs)	0.556	0.66	0.843 (drs)
浙江	0.521	0.563	0.926 (drs)	0.523	0.564	0.926 (drs)	0.525	0.565	0.929 (drs)
福建	0.584	0.588	0.994 (drs)	0.587	0.591	0.994 (drs)	0.587	0.591	0.994 (drs)

续表

省份	第一阶段 DEA 结果			调整研发投入的 DEA 结果			第三阶段 DEA 结果		
	TE (1)	PTE (2)	SE (3)	TE (4)	PTE (5)	SE (6)	TE (7)	PTE (8)	SE (9)
海南	0.477	0.566	0.844 (irs)	0.477	0.668	0.715 (irs)	0.479	0.847	0.565 (irs)
广东	0.901	1.000	0.901 (drs)	0.905	1.000	0.905 (drs)	0.934	1.000	0.934 (drs)
黑龙江	0.206	0.213	0.968 (irs)	0.206	0.214	0.962 (irs)	0.207	0.222	0.933 (irs)
吉林	0.274	0.312	0.877 (irs)	0.276	0.33	0.834 (irs)	0.276	0.336	0.819 (irs)
山西	0.566	0.666	0.849 (irs)	0.567	0.712	0.797 (irs)	0.567	0.716	0.792 (irs)
安徽	1.000	1.000	1.000 (crs)	1.000	1.000	1.000 (crs)	1.000	1.000	1.000 (crs)
河南	0.695	0.698	0.997 (irs)	0.698	0.700	0.996 (irs)	0.701	0.705	0.995 (irs)
江西	0.342	0.350	0.977 (irs)	0.342	0.350	0.977 (irs)	0.344	0.363	0.950 (irs)
湖北	0.350	0.354	0.990 (irs)	0.352	0.357	0.986 (irs)	0.354	0.360	0.982 (irs)
湖南	0.548	0.551	0.995 (irs)	0.554	0.565	0.980 (irs)	0.554	0.565	0.980 (irs)
内蒙古	0.406	0.846	0.479 (irs)	0.403	1.000	0.403 (irs)	0.403	1.000	0.403 (irs)
广西	0.343	0.420	0.818 (irs)	0.344	0.461	0.746 (irs)	0.346	0.475	0.728 (irs)
重庆	0.734	0.754	0.973 (irs)	0.735	0.767	0.958 (irs)	0.738	0.772	0.956 (irs)
四川	0.456	0.464	0.983 (drs)	0.457	0.466	0.981 (drs)	0.459	0.467	0.984 (drs)
贵州	0.741	0.747	0.992 (irs)	0.752	0.776	0.969 (irs)	0.752	0.776	0.969 (irs)
云南	0.726	0.821	0.885 (irs)	0.727	0.868	0.838 (irs)	0.730	0.891	0.819 (irs)
陕西	0.311	0.314	0.989 (irs)	0.312	0.316	0.986 (irs)	0.313	0.319	0.981 (irs)

续表

省份	第一阶段 DEA 结果			调整研发投入的 DEA 结果			第三阶段 DEA 结果		
	TE（1）	PTE（2）	SE（3）	TE（4）	PTE（5）	SE（6）	TE（7）	PTE（8）	SE（9）
甘肃	0.723	0.849	0.852 (irs)	0.725	0.901	0.805 (irs)	0.729	0.918	0.794 (irs)
青海	0.005	1.000	0.005 (irs)	0.005	1.000	0.005 (irs)	0.002	1.000	0.002 (irs)
宁夏	0.705	1.000	0.705 (irs)	0.612	1.000	0.612 (irs)	0.612	1.000	0.612 (irs)
新疆	0.770	1.000	0.770 (irs)	0.380	1.000	0.380 (irs)	0.380	1.000	0.380 (irs)

注：TE 代表技术效率，PTE 代表纯技术效率，SE 代表规模效率；A. mean 为算数平均值，G. mean 为几何平均值；irs 为规模报酬递增，drs 为规模报酬递减，crs 为规模报酬不变。

一、第一阶段：传统 DEA 模型实证结果分析

如表 5-4 和表 5-6 所示，从整体来看，我国高新技术产业的技术创新效率还比较低，且各省（自治区、直辖市）的差异较大。在不考虑环境变量和随机因素影响的情况下，我国高新技术产业技术创新效率的平均值为 0.563。其中，纯技术效率的平均值为 0.671，规模效率要明显高于纯技术效率，其平均值为 0.868。由此可见，我国高新技术产业技术创新的低效率主要归因于纯技术效率的低下。从各个省（自治区、直辖市）的具体情况来看，北京、天津和安徽 3 个省份的高新技术产业技术创新效率值为 1，位于效率前沿面之上，原因在于这些地区的高新技术产业发展较为成熟，技术相对发达；而东北三省、江西、湖北、广西及陕西等省份的高新技术产业技术创新效率在全国的排位较为靠后，其效率值均在 0.2～0.4；青海是我国高新技术产业中技术创新效率最低的省份，效率值仅为 0.005，究其原因在于青海的技术创新投入量很小（由于篇幅限制，本书没有给出各省份的创新投入数据），从而造成技术创新的规模效率低下，处于规模效率递增的阶段。

由于我国幅员辽阔，各个省（自治区、直辖市）的经济发展水平、产业结构和布局、要素禀赋、人力资本、开放程度等客观条件存在较大差异，导致了

地区之间的高新技术产业技术创新效率存在较大差异，本章按照通常的方法将全国30个省（自治区、直辖市）划分为东部、中部和西部三大区域，进一步研究我国高新技术产业技术创新效率的区域差异。如表5-4所示，从三大区域的高新技术产业技术创新效率的平均值来看，东部地区的创新效率均值（0.636）明显高于中部地区（0.498）和西部地区（0.538）。原因可能在于，我国东部地区是开放度最高、经济最发达、产业发展最成熟的地区，我国三大高新技术产业密集区（珠三角、长三角和环渤海）均位于东部地区，带动了整个东部地区高新技术产业的发展，产业发展水平最高、技术创新能力最强，说明了技术创新效率与高新技术产业发展水平存在较强的相关性。而东部地区高新技术产业技术创新的纯技术效率（0.707）和规模效率（0.904）要分别低于西部（0.747）和中部地区（0.957）。分析其原因，2010年是近些年来我国高新技术产业技术创新投入最多的一年，东部地区又是全国投入最多、发展最快的地区，然而高投入并不意味着高效率，特别是从规模报酬角度来看，经济发达、投入较多的东部地区，很多省市都呈现出规模报酬递减的现象，而那些经济发展程度低、技术创新投入少的中西部省（自治区、直辖市）则大都为规模报酬递增的。中部与西部地区相比而言，中部地区技术创新效率要略低于西部地区，而其规模效率却远高于西部地区，技术创新效率略低应归结于纯技术效率的低下。究其原因，一方面中、西部地区的高新技术产业技术创新大都处于规模报酬递增阶段，而中部地区的创新投入规模要大于西部地区，中部地区呈现出了较高的规模效率；另一方面我国自2001年起实施西部大开发战略，西部各省市充分发挥老工业基地、军工企业、科研机构和高等院校现有科技力量的作用，加快科技成果的转化和推广应用，积极引进国内外先进技术，优化了高新技术产业发展的环境和管理水平，提高了高新技术产业的技术创新效率。

二、第二阶段：SFA模型实证结果分析

将第一阶段得出的决策单元中各投入变量研发经费、研发人员、技术改造

经费和新产品开发经费的松弛值作为解释变量，以所有制结构、市场结构、政府支持、企业规模为自变量建立 SFA 回归模型，利用软件 Frontier 4.1 进行估计，结果如表 5-5 所示。单边似然比检验均大于混合卡方分布的检验标准值，显示模型的估计结果总体上可以接受。γ 代表环境因素导致的差异变动在总变动中的比例，γ 接近于 1 说明模型中的误差主要来自环境因素的影响，同时从表中可以看到 $\gamma=1$，可以看出环境因素的变动性几乎解释了所有的变动，所以在进行数值调整过程中，将不考虑误差项的影响。从模型估计参数来看，各自变量对投入松弛值的系数大部分通过了显著性检验，说明环境因素对高新技术产业技术创新投入冗余存在显著影响。

表 5-5　SFA 估计结果

变量	R&D 经费投入	R&D 人员投入	新产品开发经费投入	技术改造经费投入
常数项	1.500*** (4.528)	1.038 (1.688)	1.253 (1.248)	0.697 (0.598)
国企比重	3.943*** (7.364)	1.310*** (5.901)	4.089*** (2.903)	4.045*** (3.375)
外企比重	−0.257 (0.786)	−0.869* (−1.987)	−3.871** (−2.180)	−3.998*** (−3.500)
市场结构	1.329 (1.656)	0.999*** (4.027)	1.602** (2.624)	1.758*** (4.429)
政府支持	1.676*** (3.204)	1.169** (2.461)	1.934* (1.868)	1.935* (1.750)
企业规模	1.252** (2.334)	0.634* (1.769)	1.508 (1.383)	1.145 (1.190)
σ^2	7.371*** (7.479)	2.747*** (9.872)	7.809*** (11.358)	7.083*** (11.715)
γ	1.000*** (5.382)	1.000*** (2.909)	1.000*** (2.9040	1.000*** (5.031)
对数似然函数	−49.411	−38.961	−50.964	−48.792
单边似然函数	16.924***	22.778***	17.116***	18.499***

*、**、*** 分别表示在 10%、5%、1%显著性水平上显著；括号内为 t 值。

进一步考察各环境因素对四种投入松弛变量的系数，由于环境变量是对各投入松弛变量的回归，所以当回归系数为负时，表示增加环境变量值有利于减少投入冗余，即有利于减少各投入变量的浪费或降低负产出；反之，当回归系数为正时，则表示增加环境变量将会增加投入冗余，从而导致各投入变量的浪费或减少产出。下面说明四种环境变量对各投入松弛变量的影响。

所有制结构（包括国企比重和外企比重）对四种创新投入松弛变量具有显著影响，除了外企比重对 R&D 经费投入松弛量的系数不能通过 10%的显著性水平外。国企比重对所有创新投入指标的松弛量的影响为正，而外企比重对所有创新投入指标的松弛量的影响为负。这表明高新技术产业中国有化比重的减少，有利于减少研发投入资源的浪费，同时外资企业在高新技术产业中比重的增加，也同样对减少投入资源的浪费有重要作用。良好的市场化环境是提升我国高新技术产业技术创新效率的必备条件。市场化程度的提高，所有制结构的多元化，促进了企业治理结构和激励机制的变革，提高了创新资源的利用效率，促进了创新成果的市场化、产业化环节，成为技术创新效率改善的重要制度基础。

市场结构除了对R&D经费投入松弛变量的影响不显著外，对其他三种创新投入松弛变量均具有显著的正向影响，表明高市场集中度更有助于减少创新资源的冗余，有利于提高技术创新效率。这一结论与传统产业组织学的观点和熊彼特关于创新的第二种论述是一致的，即适当的市场垄断结构能够激励高新技术企业加大技术创新投入，有利于技术创新效率的提高。原因在于高的市场集中度更加有利于创新资源的集中，发挥规模经济效应，适合于高新技术产业创新投入大、风险高、不确定性强的特点，更容易完成重大技术创新难题的攻关；同时，技术创新扩散更慢，专利保护相对容易。

政府支持对四种创新投入松弛变量均具有显著的正向影响，表明政府支持不利于创新资源的有效配置。表明政府的支持不仅没有使高新技术产业的创新效率有所提升，反而使其下降了。原因可能在于一方面政府对高新技术产业创新的支持更多地体现在资金方面，政府部门作为支持资金的单一分配者，易受寻租活动和行政隶属关系的影响，从而使得支持的力量无法作用于有效的方向，而那些获得资金支持的企业对创新资源的管理较为粗放，绩效考核体系不完善，同时政府缺乏有效监管手段，导致创新资源存在浪费现象；另一方面是政府的其他创新扶持政策缺乏可操作性，难于落到实处，影响了技术创新效率的提高。

企业规模变量的平方项对四种投入松弛变量均具有正向影响，但是仅对研发投入经费和研发人员两个投入松弛变量的影响显著为正。结果表明，并非企业平均规模越大，其创新效率就会越高，与 Pavitt 等（1987）的结论相反，企业规模与创新效率呈现非线性的倒 U 形关系。大规模企业往往会因为多层次的管理链而导致信息不对称，从而使得管理效率低下，进一步造成企业的资源配置不合理，影响技术创新效率。另外一方面，企业要想进行研发就必须有一定的企业规模做支撑，小企业在研发创新过程中常常面临资金瓶颈，迫于竞争压力，就不可能实现较高的研发投入，研发创新效率的提高难度更大。因此，我国高新技术产业中往往适度规模企业的技术创新效率会更高。

上述结果表明，各环境因素对决策单元的影响并不完全一致。如果不控制这些环境因素，就可能使决策单元处于不同的环境之中，从而造成效率估计结果的偏差。接下来，对各个创新投入变量进行调整，剥离环境因素的影响，使各决策单元处于相同的环境之下，以提高估计结果的准确性。

三、“过渡”阶段及第三阶段：调整投入的 DEA 模型实证结果分析

在考虑环境因素和随机误差影响的情况下，本书动态考察了仅对研发投入做调整的“过渡”阶段 DEA 的技术创新效率值。如表 5-4 所示，在只调整了研发投入以后，大部分省（自治区、直辖市）相对于其第一阶段 DEA 的效率值而言发生了一定的变化（特别是纯技术效率和规模效率的变化较大），且其变化值占第一、第三阶段总的效率变化幅度的绝大部分。特别是东部地区的辽宁、山东、江苏、上海和福建等 5 个省份，中部地区的吉林、山西和湖南等 3 个省份，以及西部地区的内蒙古、贵州、宁夏和新疆等 4 个省份从第一阶段 DEA 到“过渡”阶段 DEA 的效率值变化幅度即为第一、第三阶段技术创新效率总的变化幅度。这表明，在这些省（自治区、直辖市）的高新技术产业技术创新过程中，环境因素和随机误差主要通过对研发投入的调整而引起技术创新效率的变化，而对新产品开发经费投入和技术改造经费投入的调整作用不大。与之相反，东部地区的河北、广东和海南等 3 个省份，中部地区的黑龙江和江西 2 个省份，以及西部地区的重庆、云南和甘肃等 6 个省份的技术创新效率在第一阶段 DEA 到

“过渡”阶段DEA的变化幅度要明显小于其第一到第三阶段的整体变化幅度，表明了对这些省（自治区、直辖市）的高新技术产业技术创新而言，环境因素和随机误差对技术改造经费投入和新产品开发经费投入更具有影响力。这些省（自治区、直辖市）多数位于西部地区，原因在于我国西部开发战略第一阶段的重点在于完善科研基础设施和单纯地引进高新技术，而尚未关注到实现科研成果的市场化和高新技术的再度改造问题，因此增加新产品开发经费和技术改造经费比增加研发投入能引起技术创新效率的更显著变化。由此可见，促进我国各省（自治区、直辖市）的高新技术产业技术创新效率的提高措施，应当因地制宜，根据不同省（自治区、直辖市）的具体情况有针对性的增加相关创新投入要素，才能实现最佳效果。

整体考察环境因素和随机误差对创新投入指标的调整过程，北京、天津和安徽3个省（自治区、直辖市）一直位于技术创新效率的前沿面上，技术效率、纯技术效率和规模效率均为1；除了内蒙古、青海、宁夏和新疆等4个西部省份在调整投入的过程中技术创新效率呈现下降趋势外，其他省（自治区、直辖市）的技术创新效率均为上升状态。这说明对于相同环境条件下的技术创新过程，内蒙古、青海、宁夏和新疆等4个省份的高新技术产业的经营管理水平与其他省市有相当大的差距，故而使得“纯粹”反映管理水平的技术创新效率下降更大，而创新效率下降的主要原因是规模效率的下降。如表5-6所示，从高新技术产业技术创新效率的区域平均情况来看，对比第一阶段与第三阶段的估计值，如果不消除环境因素和随机误差影响，在三个地区的技术创新效率的构成中，规模效率表现“突出”；而当调整了环境因素和随机误差影响，在三个地区的技术创新效率的构成中，规模效率的比重有所降低，而纯技术效率表现“增强”，特别是西部地区的技术创新效率构成中，纯技术效率（0.783）在第三阶段超过了规模效率（0.693）。无论在哪个阶段，我国三大区域的高新技术产业技术创新效率始终表现出“东高西低”的特征。通过环境因素和随机误差对投入指标的调整，各区域高新技术产业的技术创新效率估计值不仅整体有所下降，而且其构成结构也在各阶段表现出不同的特征。在第一阶段，各区域技术创新效率的构成普遍表现为较大的规模效率与相对较小的纯技术效率，两个指标之间差距较大，东、中部地区尤其明显，而西部地区两个指标相对均衡。过渡阶段与第三阶段各区域技术创新效率的构成基本相同，纯技术效率与规模效率之间的差距减小，西部地区尤其突出，东部地区次之，中部地区两个指标差异较大。

表 5-6　各区域技术创新效率的变动

区域	第一阶段 DEA 结果			调整研发投入的 DEA 结果			第三阶段 DEA 结果		
	TE (1)	PTE (2)	SE (3)	TE (4)	PTE (5)	SE (6)	TE (7)	PTE (8)	SE (9)
东部	0.636	0.707	0.904	0.640	0.720	0.890	0.643	0.738	0.878
中部	0.498	0.518	0.957	0.499	0.529	0.984	0.500	0.533	0.931
西部	0.538	0.747	0.768	0.496	0.778	0.728	0.497	0.783	0.693
全国	0.563	0.671	0.868	0.550	0.690	0.834	0.551	0.700	0.825

表 5-7 给出了 Bootstrap-DEA 模型的估计结果及其统计推断，不难看出，经过 Bootstrap-DEA 纠偏的技术创新效率值要明显低于未纠偏的效率值，这是由于 Bootstrap 方法考虑到了生产前沿面的非效率因素，由相对效率转为绝对效率。例如，位于前沿面的北京、天津和安徽 3 个省（自治区、直辖市）的创新效率值均由 1.000 分别降低到了 0.895、0.913 和 0.682，而创新效率值下降幅度较大的省（自治区、直辖市）有广东和安徽，下降幅度超过了 0.3，山东、上海、福建和山西等 4 个省（自治区、直辖市）的下降幅度超过了 0.2，由此便可以对位于前沿面的决策单元的创新效率值进行比较。从 Bootstrap 方法调整的我国各省（自治区、直辖市）高新技术产业技术创新效率值来看，天津的效率最高，为 0.913，这是因为近几年来，许多世界 500 强企业纷纷落户天津高新技术产业园区，设立科研机构，从事高新技术的研发及转化工作，并以行业应用为目的建立重点实验室，带动了天津市高新技术产业的协同发展，促进了其创新效率的有效提高。高新技术产业技术创新效率排名第二位的是北京，为 0.895，因为北京集聚了中国最好的高等院校，智力资源丰富，科研能力较强。另外，北京所具有的中关村优势，是国内其他城市在短期内无法企及的。中关村拥有

高素质从业人员100多万人，海归人才1.5万名，累计创办企业超过5000家，是国内留学归国人员创办企业数量最多的地区；2010年，中关村企业在战略性新兴产业领域研发出一批国内外领先的重大科技创新成果。这些都为北京高新技术产业的技术创新提供了强大的基础和支撑，提升了其技术创新效率。另外需要引起注意的是，除了西部地区很多省（自治区、直辖市）的技术创新效率较低以外，东部地区的辽宁、海南（分别为0.254、0.323）和中部地区的黑龙江、吉林（分别为0.166、0.299）的创新效率也很低。东北三省作为我国的老工业基地，在新中国成立初期的经济发展中发挥了重要作用，然而伴随着改革开放政策的实施，东北三省的经济发展渐渐落后于东部沿海地区。与此同时，与中东部地区相比，东北三省的高新技术产业不仅落后，而且增长速度缓慢，差距逐步加大，技术创新的能力不强，创新效率低下。因此，深刻认识东北地区高新技术产业的发展现状，找出其影响因素，提升高新技术产业的技术创新能力，对带动东北三省的经济发展和产业结构升级显得尤为重要。海南省的高新技术产业的技术创新效率比较落后主要是因为其作为一个沿海经济特区，建立的时间相对较晚，高新技术产业并不发达，产业发展的规模过小，技术相对落后，其技术创新效率还存在巨大的提升空间。

表5-7　各区域Bootstrap纠偏的技术创新效率值

地区		第三阶段DEA	Bootstrap纠偏的效率				
		效率值	效率值	偏度	置信区间		排名
东部地区	北京	1.000	0.895	0.115	0.544	0.991	2
	天津	1.000	0.913	0.087	0.575	0.993	1
	河北	0.495	0.393	0.101	0.365	0.493	14
	辽宁	0.358	0.254	0.103	0.240	0.357	24
	山东	0.603	0.399	0.204	0.399	0.600	12
	江苏	0.538	0.378	0.160	0.373	0.531	15
	上海	0.556	0.354	0.202	0.354	0.554	19
	浙江	0.525	0.414	0.111	0.386	0.521	11
	福建	0.587	0.376	0.211	0.376	0.584	16
	广东	0.934	0.558	0.376	0.558	0.924	7
	海南	0.479	0.323	0.156	0.319	0.477	20

续表

地区		第三阶段 DEA	Bootstrap 纠偏的效率				
		效率值	效率值	偏度	置信区间		排名
中部地区	黑龙江	0.207	0.166	0.042	0.152	0.206	29
	吉林	0.276	0.219	0.057	0.199	0.273	28
	山西	0.567	0.359	0.208	0.359	0.565	18
	河南	0.701	0.582	0.120	0.522	0.695	5
	安徽	1.000	0.682	0.318	0.682	0.995	3
	湖北	0.354	0.235	0.119	0.235	0.352	27
	湖南	0.554	0.395	0.158	0.384	0.550	13
	江西	0.344	0.249	0.095	0.240	0.343	26
西部地区	内蒙古	0.403	0.277	0.126	0.271	0.402	22
	广西	0.346	0.265	0.081	0.249	0.344	23
	重庆	0.738	0.547	0.191	0.520	0.734	8
	四川	0.459	0.375	0.084	0.341	0.455	17
	贵州	0.752	0.593	0.159	0.547	0.747	4
	云南	0.730	0.559	0.171	0.528	0.724	6
	陕西	0.313	0.254	0.059	0.232	0.311	25
	甘肃	0.729	0.533	0.196	0.518	0.725	9
	青海	0.002	0.001	0.001	0.001	0.002	30
	宁夏	0.612	0.438	0.174	0.415	0.611	10
	新疆	0.380	0.296	0.085	0.273	0.377	21
东部	均值	0.643	0.478	0.166	0.408	0.639	—
中部	均值	0.500	0.361	0.140	0.347	0.497	—
西部	均值	0.497	0.376	0.121	0.354	0.494	—
全国	均值	0.551	0.409	0.142	0.372	0.548	—

从三个区域的角度考察，以经过 Bootstrap-DEA 方法纠偏后的绝对效率值为标准，东部地区高新技术产业技术创新的绝对效率平均值为 0.478，依然高于中、西部地区（分别为 0.361 和 0.376）。与剔除了环境因素和随机误差影响的第三阶段相对效率结果不同，西部地区的绝对效率平均值（0.376）超过了中部地区（0.361）。这很大一部分原因是由于考虑了生产前沿面的非效率因素后致使中部省份的技术创新效率下降幅度大于西部省份。由此可见，使用 Bootstrap-

DEA方法分析各省市的技术创新效率是十分有必要的。总体来看，我国各个区域的高新技术产业技术创新效率都比较低，影响了整个高新技术产业创新能力的提高，如果采取有效措施，技术创新效率的提升还有较大空间。

从以上的论述中看到，我们分四个阶段依次考察了各省（自治区、直辖市）高新技术产业的第一阶段技术创新效率及构成、利用环境因素和随机误差将研发投入都调整到最差情况下的过渡阶段技术创新效率及构成、利用环境因素和随机误差将全部技术创新投入指标都调整到最差情况下的第三阶段技术创新效率及构成，并通过Bootstrap-DEA方法考虑了生产前沿面的非效率因素和小样本下的测度偏差，测度了各决策单元的绝对效率值。

按照这种模式，我国三大区域及全国的高新技术产业技术创新效率的变化路径如图5-1所示。东部地区平均技术创新效率变化为0.636→0.640→0.643→0.478，表明研发投入的调整对东部地区高新技术产业技术创新效率的影响要略高于技术改造投入和新产品开发投入对其的影响；Bootstrap-DEA纠偏后技术创新效率的变化比环境变量对全部投入要素调整产生的影响要大，说明生产前沿面的非效率因素确实存在，相对效率和绝对效率之间有一定的差距；当把东部地区高新技术产业的环境调整到与其他地区相同时，东部地区的平均相对技术创新效率出现上升趋势，说明了东部地区仅反映管理水平的技术创新效率是更高的。东部地区三阶段DEA模型中技术创新效率变化最大的省（自治区、直辖市）为山东、上海和广东，说明企业的制度因素和规模大小、市场的竞争程度，以及政府支持等环境因素对其高新技术产业技术创新效率的影响较为显著。中部地区的技术创新效率的变化路径与东部地区相似，变化幅度均不大。与中东部地区不同，西部地区高新技术产业技术创新效率的变化路径较为陡峭，为0.538→0.496→0.551→0.376，特别是从第一阶段DEA到“过渡”DEA阶段的变化最大，表明了对西部地区而言，对研发投入的调整会对高新技术产业技术创新效率有明显的影响。增加对西部地区的研发投入会使得技术创新效率下降，说明西部地区的研发投入冗余相对较多；而当调整增加技术改造支出和新产品开发支出时，则技术创新效率明显提高，说明西部地区高新技术产业的技术改造支出和新产品开发支出较为缺乏，增加这两种支出便可在很大程度上提高其技术创新效率。在三阶段DEA中，新疆的高新技术产业技术创新效率变化幅度是最大的，其次是宁夏。当把这两个省区的环境调整到与其他省份相同条件下时，新疆和宁夏的相对技术创新效率有了较大幅度的下降，说明新疆和宁夏两个省区的高新技术产业的管理水平要低于其他省份。山西、上海、安徽、福建、山东和广东省的Bootstrap偏差分别达到0.208、0.202、0.318、0.211、0.204和0.376，说明还有其他影响这些省（自治区、直辖市）高新技术产业技术创新效率的重要环境因素有待进一步考察。

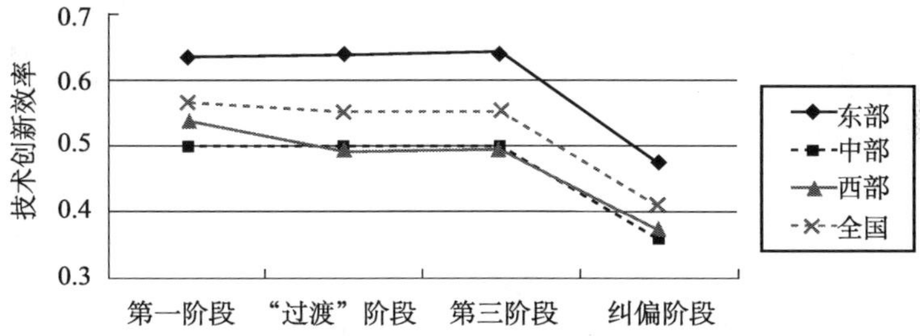

图 5-1　中国三大区域技术创新效率变化路径

第五节　区域高新技术产业技术创新效率的聚类分析

为了深入研究我国高新技术产业技术创新效率的省际差异，本章将剥离了环境因素及随机误差影响后的高新技术产业技术创新效率构成中的纯技术效率与规模效率值进行聚类分析，以考察各省（自治区、直辖市）高新技术产业的技术创新模式。以0.9的效率值为临界点对以上两种效率进行划分，可将我国高新技术产业技术创新效率分为四种类型，如图5-2所示。

第一种类型为“双高型”，即纯技术效率和规模效率均达到0.9以上的省（自治区、直辖市），包括位于技术效率前沿面的北京、天津和安徽等3个省（自治区、直辖市）和广东省，这4个省（自治区、直辖市）的高新技术产业技

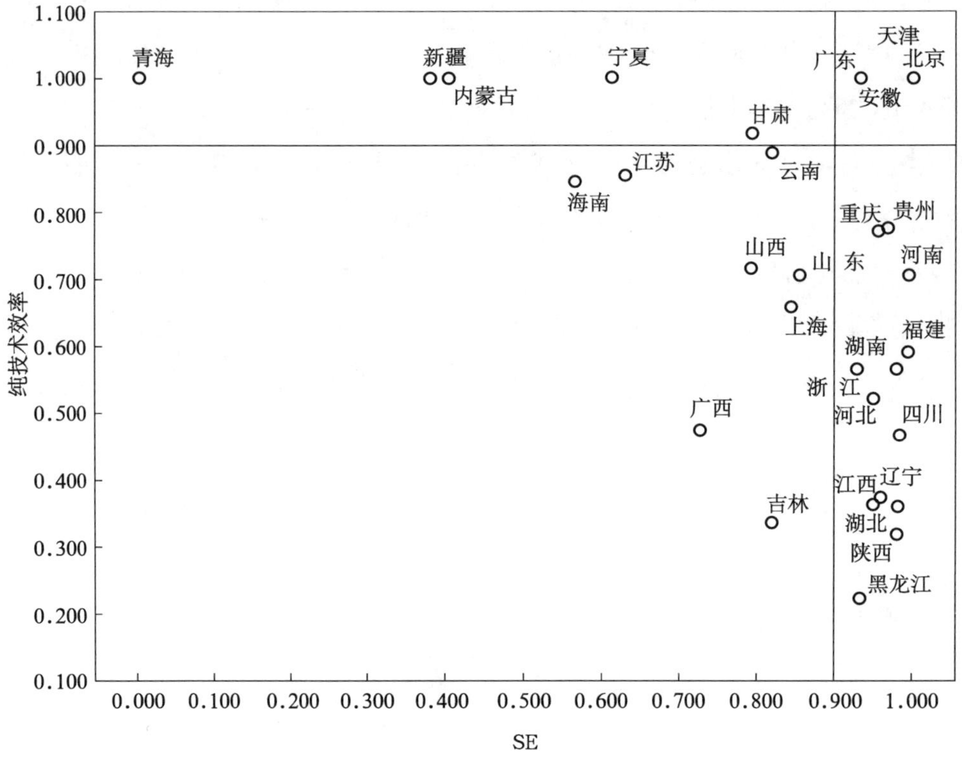

图 5-2　我国各省市纯技术效率及规模效率分布

术创新效率所需改进较少。第二种类型表现为纯技术效率较高而规模效率较低，主要有青海、宁夏、内蒙古、新疆和甘肃等 5 个省份，其纯技术效率高于 0.9 而规模效率在 0.9 之下，特别是青海省，其规模效率仅为 0.002，这些省份高新技术产业技术创新的重点改进方向为规模效率，加大对技术创新活动的投入，扩大产业规模，实现资源的集中配置。第三种类型表现为纯技术效率较低而规模效率较高，包括重庆、贵州、河南、湖南、福建、浙江、四川、河北、辽宁、江西、湖北、陕西和黑龙江等 13 个省（自治区、直辖市），这些省（自治区、直辖市）技术创新的改革重点在于纯技术效率，即应当注重管理水平，合理配置资源，减少投入浪费。第四种类型为纯技术效率和规模效率都比较低的“双低型”，有江苏、海南、云南、山西、山东、上海、广西和吉林等 8 个省（自治区、直辖市），其纯技术效率和规模效率均在 0.9 以下，与“双高型”的省（自治区、直辖市）相比，高新技术产业的管理水平相对落后，产业规模小，创新投入少，技术创新效率有较大的改善空间，在今后的发展中应当同时兼顾技术研发规模的扩大和管理水平的提高。

第六节　本章小结

本章通过将三阶段DEA模型与Bootstrap方法相结合对中国30个省（自治区、直辖市）的高新技术产业的技术创新效率进行测算。三阶段DEA模型剔除了外部环境因素和随机误差的影响，而Bootstrap方法在此基础上剔除了生产前沿面上的非效率要素，并且给出了效率估计值的置信区间，增加了研究结果的客观性和稳健性，得到以下研究结论：

（1）第一阶段DEA模型的实证结果表明，目前我国高新技术产业的技术创新效率还比较低，其主要归因于纯技术效率的低下。各省（自治区、直辖市）高新技术产业的技术创新效率差异较大，北京、天津和安徽等3个省（自治区、直辖市）的高新技术产业技术创新效率位于前沿面上，处于全国领先地位；而东北三省、江西、湖北、广西及陕西等省（自治区、直辖市）的技术创新效率在全国处于落后。

（2）第二阶段SFA模型的实证结果表明，四种环境因素对高新技术产业技术创新效率存在显著影响。政府支持不利于改善研发资源的有效配置；企业国有化比重的下降以及外资企业比重的提高，有利于减少研发资源的浪费，促使技术创新效率的提高；较高市场集中度和适中的企业规模，有助于减少研发资源的冗余，技术创新具有规模经济性，技术创新效率也越高。

（3）在考虑环境因素和随机误差影响的情况下，仅对研发投入做调整的“过渡”阶段DEA的技术创新效率值的估计结果表明，辽宁、山东、江苏、吉林、山西、湖南、内蒙古、贵州、宁夏和新疆等10个省区仅对研发投入调整而引起的技术创新效率的变化相对较大，而对技术改造投入和新产品开发投入的调整作用不大。在对所有投入变量进行调整之后，除了内蒙古、青海、宁夏和新疆等4个西部省区在调整投入的过程中技术创新效率呈现下降趋势外，其他省市的技术创新效率均为上升状态。

(4) 经过Bootstrap-DEA纠偏的高新技术产业技术创新效率值要明显低于未纠偏的效率值，这是由于Bootstrap方法考虑到了生产前沿面的非效率因素，由相对效率转为绝对效率。位于前沿面的北京、天津和安徽3个省市的创新效率值均由1.000分别降低到了0.895、0.913和0.682，而创新效率值下降幅度较大的省有广东和安徽，下降幅度超过了0.3，山东、上海、福建和山西等4个省（自治区、直辖市）的下降幅度超过了0.2。

(5) 以纯技术效率和规模效率为依据进行聚类分析，将高新技术产业的技术创新分为四种类型。将各个省（自治区、直辖市）分别归类到四种类型中，提出了每一种类型高新技术产业技术创新效率提升的对策。

从研究结果来看，我国各省（自治区、直辖市）高新技术产业的技术创新效率特征存在显著差异，需要分析效率损失的不同原因，采取差异化的措施，促进省际创新资源的流动，缩小地区之间高新技术产业创新效率的差距。同时，应加强政府支持和引导的力度，对落后地区给予相应的政策倾斜，给予技术创新更加多元化的支持政策，加速多元化产权结构的形成，加大外资引进力度，壮大产业规模，形成各省（自治区、直辖市）高新技术产业技术创新效率的有差别的均衡发展。

第六章
高新技术产业技术创新效率的动态变化及区域收敛性

高新技术产业作为知识密集、技术密集型的产业在经济发展、经济转型及产业结构优化升级的过程中发挥着举足轻重的作用，其发展状况直接影响到一个国家在世界经济格局中的地位和作用。近年来，我国高新技术产业实现了快速发展，技术创新能力不断增强，研发强度从1995年的0.43%提高到2011年的1.41%，但是，远远低于美国、日本、欧盟等发达国家和地区，而且高新技术产业技术创新的区域不平衡性十分明显，严重制约了我国高新技术产业的科学发展。第五章对我国区域高新技术产业的技术创新效率进行了测算，分析了所有制结构、企业规模、政府支持和市场结构等因素对技术创新效率的影响差异，并对各个省（自治区、直辖市）高新技术产业的技术创新效率进行了聚类分析。但是，各个省（自治区、直辖市）高新技术产业的技术创新效率的年度变化是否具有显著性？各省（自治区、直辖市）高新技术产业技术创新效率的变化趋势如何？技术创新效率变化是由技术进步引起的，还是由于管理、制度、规模等的改进？区域之间的高新技术产业的技术创新效率的变化是否具有收敛性？这些问题还需要进一步分析。

第一节　高新技术产业技术创新效率的区域动态变化相关研究

目前，效率问题的研究普遍采用前沿效率分析，主要有两类方法，一类是非参数方法，以数据包络分析法为代表；另一类是参数方法，以随机前沿生产函数法为代表。对于高新技术产业技术创新效率的研究也主要以这两类方法为主，而这方面的研究文献相对较少，基于行业视角的研究文献主要有朱有为和徐康宁（2006）利用SFA方法测算了中国高新技术产业的研发效率，并考察了企业规模、市场结构和所有权结构等因素对研发效率的影响。刘志迎和叶蓁（2006）基于DEA-Malmquist指数方法分析了高新技术产业17个行业发展过程中技术效率和总量增长的情况。刘志迎等（2007）根据生产率与效率理论，采用SFA方法分析了中国高新技术产业发展过程中技术效率和总量增长模式的情况。官建成和陈凯华（2009）通过将DEA方法的松弛测度模型和临界效率模型结合起来测度了我国高新技术产业创新活动的技术效率、纯技术效率和规模效率，同时对无效的投入和产出进行了具体量化。李新春等（2010）通过构造相同的前沿生产函数测算了我国1998～2007年高新技术产业的创新研发投入中资金和劳动的单要素效率，并与非新高技术产业进行了比较。白俊红（2011）运用1995～2007年中国高新技术产业分行业面板数据，通过建立超越对数形式的SFA模型，实证检验了企业规模、市场结构及产权结构等因素对创新效率的影响。李向东等（2011）以1995～2006年中国高新技术产业17个细分行业的研发面板数据为基础，应用SFA和DEA两种方法实证测算了高新技术产业的研发创新效率。基于省际层面的研究文献只有余泳泽和武鹏（2010）基于省际面板数据采用SFA方法测算了1996～2007年中国高新技术产业研发效率，并对其空间相关性进行了分析。

已有文献对高新技术产业技术创新效率进行了较为系统深入的研究，对本章研究的展开具有重要的借鉴意义。然而，现有文献对高新技术产业技术创新效率的研究并没有给出效率估计值的显著性水平，因而在准确性和稳健性上有所欠缺，从而影响到建议和政策的实用价值。而在其他行业的效率研究中，已有学者利用由Simar和Wilson（2000，1998）提出的DEA-Bootstrap方法在给出效率测度值的同时进行了显著性检验，如Tortosa-Ausina等（2008）在研究西班牙商业银行效率变化时将DEA-Malmquist指数与Bootstrap方法相结合，对测度结果进行了纠偏。王亚华等（2008）在研究我国交通行业生产率变动时也采用了类似的方法。另外，现有的研究成果缺乏对我国省际高新技术产业技术创新效率的研究。而且，在变量指标的选取上，有部分学者将测度生产效率的指标与测度技术创新效率的指标混淆，影响了研究结论的准确性。本章使用DEA-Malmquist指数（DEA的优点是无需估计企业的生产函数，从而避免了生产函数形式错误引起的问题）与Bootstrap方法相结合，对2000～2010年我国省际高新技术产业技术创新的全要素生产率变动进行了测算，并给出了效率估计值的显著性水平，保证了研究结论的准确性和稳健性。同时，本章也分析了高新产业技术创新的全要素生产率的区域收敛性，得出了相应的研究结论。

第二节　区域高新技术产业技术创新效率变化的分析方法和指标选择

一、区域高新技术产业技术创新效率变化的分析方法

从区域视角对高新技术产业技术创新效率变化进行分析所采用的方法与行业视角的研究类似，首先采用Fare等（1992）提出的测度全要素生产率变化的DEA-Malmquist生产率指数法进行不同省市高新技术产业技术创新效率变化的测算，然后采用Bootstrap方法通过重复抽样对DEA-Malmquist指数法测算出来的效率变化进行统计推断，进而修正效率变化估计值的偏差并给出置信区间。模型的具体推导过程见第四章。

二、区域高新技术产业技术创新效率分析的指标选择

1. 技术创新投入与产出变量

创新的含义不仅体现于R&D创新活动的实现，还体现在R&D创新成果在

经济上的实现，即创新成果的商业化，因此，R&D成果和市场效益都应作为企业的创新成果。在创新活动的成果产出上，发明专利（IP）是高新技术产业R&D活动的直接输出，也是国际上通用的衡量科技创新的产出指标（Guan and Gao，2009），因此本章用申请授权的发明专利数作为创新活动的一个产出指标。此外，考虑到从商业上直观体现高新技术创新成果的价值，也是体现市场接受能力最好的指标（Liu and Buck，2007），因此，将新产品销售收入（SRNP）作为创新活动的经济成果产出指标。

在创新活动投入要素上，R&D经费支出（RDE）和R&D人员（RDP）是R&D活动实现的关键因素，应作为创新投入要素。新产品开发经费（NPE）和技术改造经费（TRE）因对创新产出有着直接的影响，也应作为创新活动的投入要素。

由于创新活动属于知识生产过程，创新产出不仅取决于当期R&D投入流量，而且还依赖于过去时期的R&D投入，所以创新投入应当是R&D经费存量，而不是R&D经费投入的当期流量。R&D经费存量计算采用如下方法得到：首先将不同年份的R&D经费支出利用组合R&D价格指数进行平减①，然后在各省市高新技术产业的R&D经费支出数据基础上，借鉴Griliches（1990）、Coe和Helpman（1995）、Goto和Suzuki（1989）的做法，采用下式计算得到：

$$\mathrm{RDE}_{i,t}=(1-\delta)\mathrm{RDE}_{i,t-1}+E_{i,t-1} \tag{6-1}$$

式中，$\mathrm{RDE}_{i,t}$、$\mathrm{RDE}_{i,t-1}$分别为第i个行业t年、$t-1$年的R&D经费存量；$E_{i,t-1}$为$t-1$年的R&D经费支出；δ为折旧率，根据Griliches（1990）对于研发资本折旧率的估算，这里设定$\delta=15\%$。

式（6-1）中，R&D经费存量计算需要初始年份各省市高新技术产业的R&D经费存量$\mathrm{RDE}_{i,0}$，其计算如下：

---

① 朱平芳和徐伟民（2003）将R&D支出价格指数设定为固定资产投资价格指数和消费价格指数的加权平均，其中前者权重0.45，后者权重0.55；朱有为和徐康宁（2006）亦有类似的设定，不过权重有所差别，两种指数的权重分别为0.75和0.25。本书中组合R&D价格指数是按照R&D经费构成中，劳务费、原材料和固定资产三者的大概比例，分别取0.4、0.3、0.3的比例，再分别乘以居民消费价格指数（CPI）、原材料动力燃料购进价格指数（PPI）、固定资产投资价格指数（FAIPI）的结果之和得到的。

$$\mathrm{RDE}_{i,0} = E_{i,0}/(g+\delta) \tag{6-2}$$

式中，g 为研究时段内 R&D 经费支出年均增长率；δ 为折旧率；$E_{i,0}$ 为初始年份 R&D 经费支出量。得到初始 R&D 经费存量后，利用永续盘存法可得到后续年份的 R&D 经费存量。

新产品开发经费和技术改造经费的处理方法与 R&D 经费相同。

本章中使用的变量及其描述如表 6-1 所示。

表 6-1　变量定义

变量	符号	单位	定义
创新产出 1	IP	项	发明专利授权量
创新产出 2	SRNP	万元	新产品销售收入
资本投入 1	RDE	万元	R&D 资本存量，用永续盘存法核算
资本投入 2	NPE	万元	新产品开发经费存量，用永续盘存法核算
资本投入 3	TRE	万元	技术改造经费存量，用永续盘存法核算
人员投入	RDP	人年	R&D 人员全时当量，指报告年内 R&D 全时人员数加非全时人员按工作量折算成全时人员数的总和

2. 样本和数据

在利用 DEA 模型进行效率测算时，决策单元的数目越多，越能界定投入与产出间的关系，越能获得更加符合实际的效率前沿面。如果决策单元的数目低于指标变量数目的和，那么会出现较多的有效单元。一个粗糙的潜规则是决策单元的数目不小于 $\max\{3(m+s), m \cdot s\}$，其中 m 和 s 分别是投入产出指标的个数。基于此规则，本章选取《中国高技术产业统计年鉴》（2000～2010 年）中 29 个省（自治区、直辖市）（新疆和西藏数据不完整，将其剔除）的高新技术产业技术创新的面板数据进行实证研究。另外，沿袭我国传统的东、中、西部划分，将 29 个省市按三个区域划分进行研究。东部包括北京、天津、河北、辽宁、上海、江苏、浙江、福建、山东、广东、海南等 11 个省（自治区、直辖市），中部包括山西、内蒙古、吉林、黑龙江、安徽、江西、河南、湖北、湖南等9个省（自治区、直辖市），西部包括广西、重庆、四川、贵州、云南、陕西、甘肃、青海、宁夏等9个省（自治区、直辖市）。

由于从研发投入到新专利和新产品的产生及商业化通常都需要一定的周期，即存在投入产出的时滞，同时各种创新活动周期存在较大差异性，且时有交叉，使得投入产出对应较难处理，目前没有一个统一的标准。发明专利也因为研发过程的复杂程度、试验周期以及劳动强度等因素的差别，其时滞存在较大差异。此外，新产品的产出不但可以依靠新专利的经济价值实现，而且可通过非专利性创新因素（如技术改造）来实现（Liu and Buck，2007），因此同样存在时滞差异。由于多数高新技术产业技术创新周期存在较大差异，从通信电子和信息产业的几个月到医药和航天制造的几年不等。本章为了统一口径，都统一为1年，因此投入数据为1999～2009年，产出数据为2000～2010年。

对于研发人员投入变量，本章采用了研发人员折合全时当量（人年）进行度量。对于研发经费、新产品开发经费、技术改造经费使用我们构建的组合R&D指数进行平减（2004年不变价）；对于新产品销售收入，采用工业出厂价格指数进行平减（2004年不变价）。所有价格平减指数的相关数据均来源于中经网统计数据库。

第三节　区域高新技术产业的技术创新效率影响因素

本章采用DEA-Malmquist指数和Bootstrap方法，依据2000～2010年我国29个省（自治区、直辖市）（考虑到数据的可得性和完整性，新疆、西藏除外）的高新技术产业的技术创新投入产出数据，对技术创新的全要素生产率变动及其显著性进行了实证分析，并对全要素生产率变动的省际差异进行了收敛性检验。结果如表6-2～表6-5所示。

表 6-2　高新技术产业技术创新的全要素生产率变化（Malmquist 指数）

地区	2000/2001 年	2001/2002 年	2002/2003 年	2003/2004 年	2004/2005 年	2005/2006 年	2006/2007 年	2007/2008 年	2008/2009 年	2009/2010 年	2000/2005 年	2005/2010 年	2000/2010 年
北京	1.042	0.769***	1.033	0.711	0.918	1.872***	1.447***	0.486***	1.743***	1.023	0.509**	2.669***	2.188***
天津	0.665***	1.722***	0.992	1.521**	1.291	0.575***	1.020***	0.689***	1.025	0.852	1.382	0.494***	0.897
河北	0.506***	0.851	1.077	1.149*	1.353***	1.170***	1.149***	1.183***	1.678***	0.474***	0.622**	1.242***	0.681
辽宁	1.044	0.929	1.215	1.374	0.828	0.724***	1.625***	1.211***	1.061	0.377***	1.331	0.741***	0.833
山东	1.257*	0.945	0.739***	1.633***	1.251	0.939**	1.163***	0.896*	1.151***	0.728***	1.891***	0.875***	1.258**
江苏	0.886***	1.054***	1.197*	0.917**	0.755*	0.818**	1.448***	1.289***	1.035	0.682***	0.778**	1.175	0.702**
上海	0.787**	1.614***	1.068	2.154***	0.979	1.137***	0.690***	0.956***	1.164*	0.459***	2.192***	0.426***	0.603
浙江	0.310***	1.162*	1.752***	0.631***	0.833***	1.064	0.924	1.169***	1.943***	0.451***	0.312***	1.072	0.239***
福建	1.236***	1.145	2.039***	0.569***	1.142***	0.848	0.799	1.021	1.009	0.552***	1.822***	0.464***	0.714
广东	1.078***	1.154**	1.196***	1.115***	2.037***	1.043	1.095*	0.882***	1.313***	0.809*	2.798***	1.037	2.452***
海南	1.413***	0.674*	1.008	2.509***	1.394	0.618***	2.734***	0.367***	2.449***	0.127***	1.373***	0.203***	0.413
吉林	0.259***	1.659***	1.674***	1.878***	0.518***	0.977	1.176***	1.346***	2.229***	0.165***	1.013	0.375***	0.667***
黑龙江	0.507***	1.247***	0.864	0.226***	1.567***	0.101***	1.222***	0.799*	1.377***	0.440***	0.698***	0.207***	0.126***
山西	1.807***	1.371***	1.744***	0.373***	2.031***	0.947	1.806***	0.974	0.851	0.322***	1.106***	0.508***	1.050***
河南	0.302***	1.538***	1.395***	1.730***	0.461***	1.265	1.084	0.770***	2.194***	0.438***	0.451***	1.353	0.500***
安徽	0.619***	1.491***	0.841	0.190***	1.312***	0.447***	1.087	0.800	2.707***	0.644***	1.289***	1.000	1.358***

续表

地区	2000/2001年	2001/2002年	2002/2003年	2003/2004年	2004/2005年	2005/2006年	2006/2007年	2007/2008年	2008/2009年	2009/2010年	2000/2005年	2005/2010年	2000/2010年
湖北	0.358***	1.272***	0.275***	2.266***	1.452**	2.338***	0.792*	1.110***	2.334***	0.387***	1.022	1.093	1.020***
湖南	0.340***	0.965	0.252***	2.764***	0.746	0.795***	2.026***	1.275*	1.846***	0.322***	0.361***	1.285	0.422***
江西	0.817***	1.121*	2.509***	0.809**	0.840	0.775***	0.901***	0.850**	2.351***	0.509***	1.290***	0.702***	1.329**
内蒙古	0.365	1.910***	0.576***	1.026	2.336***	0.357***	0.091***	1.152	1.977***	0.269***	1.065***	0.165***	0.751
广西	1.247***	0.391***	0.802**	1.387***	1.346***	0.275***	1.304***	0.942*	1.984***	0.354***	1.265***	0.264***	1.183
重庆	0.878***	0.756	0.451***	0.881**	1.943***	0.970	1.049	1.173***	1.884***	0.574***	1.022	1.442***	1.008***
四川	1.191	0.230***	1.933***	0.781	0.788**	1.213***	0.951	0.601***	1.704***	0.490***	0.583***	1.064	0.409***
贵州	0.809***	0.847	1.579***	1.014	1.656***	0.848*	0.830	0.944	2.375***	0.476***	1.004***	1.367***	1.189***
云南	1.018	0.563***	2.156***	1.896***	1.463*	0.546***	1.081***	0.364***	1.389***	0.443***	1.082**	0.263***	0.386***
陕西	0.597***	2.053***	1.118	0.852	1.452***	1.209*	0.925	0.896***	1.290***	0.709***	2.015***	1.318**	1.021***
甘肃	0.117***	0.420***	0.903	1.596***	1.201***	0.357***	1.329***	0.899	0.778***	1.149***	0.477**	0.429***	0.356***
青海	0.630	0.072***	0.265***	2.679***	2.256***	2.363***	0.348***	0.162***	2.667***	0.196***	0.066***	0.731	0.058***
宁夏	0.173***	0.416***	1.183***	2.163**	0.275***	2.779***	1.098	1.407***	0.611***	1.134*	0.102***	0.828***	0.082***
东部	0.859	1.052	1.167	1.168	1.115	0.933	1.195	0.866	1.353	0.529	1.365	0.945	0.998
中部	0.508	1.315	0.920	0.847	0.988	0.724	1.204	0.969	1.882	0.378	0.904	0.816	0.809
西部	0.559	0.525	0.920	1.310	1.289	0.828	0.741	0.739	1.525	0.502	0.868	0.787	0.644
全国	0.641	0.880	1.007	1.112	1.133	0.835	1.015	0.845	1.544	0.474	1.066	0.855	0.824

*、**、*** 分别表示在10%、5%、1%显著性水平上显著，表6-3和表6-4的含义与此相同。

高新技术产业技术创新的全要素生产率变化及其分解如表 6-2～表 6-4 所示。表中的列为 2000～2010 年连续两年的指数变化，以及 2000/2005 年、2005/2010 年、2000/2010 年的指数变化。表中最后给出了三大区域及全国的平均值。表中效率测算结果的显著值表明了时期 t_1 到时期 t_2 技术创新的全要素生产率、技术效率和技术进步发生了明显的变化，反之则没有明显的变化。

如表 6-2 所示，从全国平均来看，2000/2010 年高新技术产业技术创新的 TFP 下降了 17.6%，其中 2001/2005 年的 TFP 提高了 6.6%，2005/2010 年的 TFP 下降了 15.5%。从各个连续年度来看，我国高新技术产业技术创新的 TFP 处于不断波动之中，2000～2002 年技术创新的 TFP 有所下降，分别下降 35.9%和 11.2%，之后除了在 2005/2006 年、2007/2008 年和 2009/2010 年有所下降外，其他年份均处于不断上升的趋势，其中 2008/2009 年上升幅度最大，达到了 54.4%。但是，2009/2010 年我国高新技术产业技术创新的 TFP 出现了 2000 年以来最大幅度的下降，下降幅度为 52.6%，这与本书第五章的研究结论一致，即 2010 年我国高新技术产业技术创新效率十分低下。2010 年是我国高新技术产业技术创新投入最多的一年，平均研发资源投入量比 2009 年增加 35%，而创新产出量增长相对缓慢，新产品销售收入仅比上年增长 14%，专利申请数甚至下降了 16%。这表明，我国高新技术产业的技术创新不能仅仅依靠高投入来实现，在壮大产业规模的同时，更应该注重管理水平的提升和创新资源的有效利用，从而达到以高效率带动创新能力提升的目的。从三大区域高新技术产业技术创新的 TFP 变动平均值来看，东部、中部和西部地区高新技术产业技术创新的 TFP 变化存在着显著差异。以 2000/2010 年为例，东部、中部和西部地区的 TFP 分别下降了 0.2%、19.1%和 35.6%，说明了虽然各地区一直通过多种途径不断推进和鼓励企业的研发，推动企业技术创新，促进产学研结合和科技成果转化，但是快速增长的技术创新资源投入并没有带来相应的创新产出，存在创新资源的浪费现象，因而技术创新效率不升反降。从东到西，高新技术产业创新效率下降的幅度逐渐增大，这也充分反映其在管理水平、产业规模，以及创新环境因素等方面的差距。

进一步探究，各省（自治区、直辖市）高新技术产业技术创新的 TFP 变化情况存在显著的差异。一方面，在相同时期不同省（自治区、直辖市）技术创新的TFP有着不同的变动方向，以2007/2008年为例，在考察的29个省（自治区、直辖市）中，北京、天津等17个省（自治区、直辖市）高新技术产业技术创新的TFP均出现不同程度的下降，其中青海下降幅度最大，高达83.8%；与此相反，河北、辽宁等12个省（自治区、直辖市）的TFP则处于上升状态，其中宁夏的上升幅度最大，为40.7%。即使在各省（自治区、直辖市）高新技术产业技术创新的TFP变动趋势都相对一致时，仍然有个别省（自治区、直辖市）出现相反的变化，例如，2008/2009年大部分省（自治区、直辖市）的TFP处于上升趋势，山西、甘肃和宁夏等3个省（自治区、直辖市）的TFP却出现不同程度的下降。当2009/2010年绝大多数省（自治区、直辖市）的TFP有较大幅度下降时，北京、甘肃和宁夏等3个省（自治区、直辖市）的TFP却略有上升。另一方面，在整个样本期内，不同省（自治区、直辖市）高新技术产业技术创新的TFP变动幅度也存在较大差异。东部地区的北京、天津、河北和辽宁等省（自治区、直辖市）的TFP整体变动较为缓和，而中西部地区，尤其是西部地区，很多省（自治区、直辖市）的TFP变动相对剧烈，如2001～2003年的内蒙古、四川和云南等省（自治区、直辖市），以及2003～2005年的山西、河南、湖南和宁夏等省（自治区、直辖市）的TFP出现反方向且大幅度的剧烈变动。技术创新的TFP不稳定性在一定程度上反映了不同地区高新技术产业的创新管理水平、政府政策、区位环境、资源禀赋等客观环境的差异，因此，各省（自治区、直辖市）应根据产业布局导向、区位优势等有的放矢地制定高新技术产业发展的重点，加强政府政策引导和支持，不断加大外资引进力度，提升高新技术产业发展水平。同时，各省市之间的创新资源流动、优势互补、产业转移与承接对于缩小地区高新技术产业差距，实现地区协调发展具有重要作用。

另外，为了提高研究结论的稳健性，本章使用Bootstrap方法对技术创新效率变化的显著性进行了估计，结果表明，使用DEA-malmquist方法得到的全要素生产率变化及其分解并不一定是显著的，这使得研究结论的稳健性和可靠性值得怀疑。使用Bootstrap方法，通过2000次重复抽样，得到了2000个伪样本进行估计，我们分别给出了90%、95%和99%的置信区间，据此给出了每一个效率指数估计值的显著性。从2000～2010年高新技术产业技术创新的全要素生产率变化来看，以北京为例，TFP测度结果中2000/2001年、2002/2003年、2003/2004年、2004/2005年、2009/2010年的值是不显著的，其他的值在1%的显著性水平下显著。而辽宁的TFP结果中只有2005/2006年、2006/2007年、2007/2008年和2009/2010年的值在1%的显著性水平下显著，其他的值都是不显著的。从更长的时间跨度2000/2010年来看，29个省（自治区、直辖市）中有11个省（自治区、直辖市）高新技术产业技术创新的TFP呈现了增长趋势，其中有10个省（自治区、直辖市）的估计值是显著的；有18个省（自治区、直辖市）高新技术产业技术创新的TFP出现了下降，但是只有9个省（自治区、直辖市）的估计值是显著的。这说明1/3省（自治区、直辖市）的高新技术产业在近10年来的技术创新效率并没有发生变化，另有1/3省（自治区、直辖市）的技术创新效率发生了明显的下滑，创新资源投入的增加没有带来技术创新能力的显著提高的根源在于创新效率并没有得到显著改善。

为了深入探讨各省（自治区、直辖市）高新技术产业技术创新的全要素生产率变动的原因，这里进一步给出了Malmquist指数的分解指数——技术效率变动指数和技术进步指数，其中技术效率变动又可以进一步分解为纯技术效率变动和规模效率变动。由于篇幅限制，纯技术效率变动指数和规模效率变动指数的计算结果没有在此列出，本章仅仅给出技术效率变动指数和技术进步指数，如表6-3和表6-4所示。

从对TFP变化的分解情况来看，2000～2010年我国各省（自治区、直辖市）高新技术产业技术创新的技术效率和技术进步的变动方向并不稳定，TFP的变动方向取决于这两个指数的变动幅度。从全国平均的TFP下降的年份来看，2000/2001年、2001/2002年、2007/2008年和2009/2010年主要是技术进步指数的下降导致的，除此之外，在其余年份技术进步指数的提高均对高新技术产业的技术创新效率起到了促进作用。而从2000/2005年、2005/2010年和2000/2010年三个时间段的TFP变化原因来看，技术进步指数的下降影响了TFP的提高，而技术效率指数一直处于显著提高的趋势。

表 6-3　高新技术产业技术创新的技术效率变动指数

地区	2000/2001 年	2001/2002 年	2002/2003 年	2003/2004 年	2004/2005 年	2005/2006 年	2006/2007 年	2007/2008 年	2008/2009 年	2009/2010 年	2000/2005 年	2005/2010 年	2000/2010 年
北京	1.333	1.000***	1.000***	0.446	0.656	2.975	1.149	1.000***	1.000***	1.000***	0.390***	1.892***	1.333
天津	1.000***	1.000***	1.000***	1.000***	1.000***	1.000***	1.000***	1.000***	0.845	1.184	1.000***	1.000***	1.000***
河北	1.072	0.759	0.618*	0.986	1.378	0.603	1.915*	2.336**	0.643*	1.266	0.683*	2.928***	2.001
辽宁	2.632**	0.761	0.803	0.837	0.848	0.492	2.599***	2.030	0.591	0.876	1.143	1.344	1.536
山东	1.898*	1.101	0.499**	1.093	1.390	0.634	1.127	1.486	0.788	1.385	1.584	1.157	1.833
江苏	1.660	0.893	0.589	0.930	0.797	0.628	2.071	1.583*	0.872	1.068	0.648	1.918**	1.242
上海	0.819	1.221	0.854	1.171	0.808	1.238	0.529	1.413	0.950	0.768	0.808	0.675**	0.545**
浙江	0.585	1.373	1.040	0.472	0.957	0.550	1.371	2.533*	0.710	1.330	0.378***	1.803**	0.681***
福建	1.746	1.000***	1.000***	0.611	1.179	1.123	0.881	1.273	0.870	0.748	1.258	0.820	1.031
广东	1.541	1.790	1.088	0.539	1.421	0.744	0.747	2.485	0.568**	1.573	2.298***	1.233	1.834***
海南	1.627***	1.000***	1.000***	1.000***	1.000***	0.543	1.843	1.000***	1.000***	0.399***	2.241***	0.399***	2.335**
吉林	0.872	1.362***	0.883	1.273***	0.410	0.306***	1.843*	2.864**	1.249	0.328***	1.601**	0.662***	1.771
黑龙江	1.464	0.945	0.528*	0.135***	1.727	0.056***	1.672	1.951***	0.498***	1.998***	1.057	0.452***	0.478***
山西	1.879***	1.352	1.233*	0.339	2.071	0.564	2.527***	1.000***	0.818	0.654*	1.529***	0.763	1.366***
河南	0.644**	1.528*	0.643	1.710*	0.415	0.858	1.903	1.761**	0.898	1.492*	0.449**	3.852***	1.730
安徽	1.547	1.633***	0.491*	0.162***	1.342	0.383**	1.554	1.087	1.305	2.250***	1.729***	1.900**	1.820***

续表

地区	2000/2001年	2001/2002年	2002/2003年	2003/2004年	2004/2005年	2005/2006年	2006/2007年	2007/2008年	2008/2009年	2009/2010年	2000/2005年	2005/2010年	2000/2010年
湖北	0.970	2.528***	0.167***	1.555***	1.106	0.949	1.014	1.917	1.214	0.795	1.382	1.225	1.139*
湖南	1.376	1.952*	0.156***	2.343***	0.716	0.618	3.053	2.076***	0.770	0.943	0.702	2.846***	0.868
江西	2.079	1.096	1.254*	0.811	0.855	0.448*	1.503	1.507	1.526**	1.047	1.982	1.622	1.699***
内蒙古	1.714***	2.110	0.513	1.034	1.749	0.381***	0.083***	1.267***	1.210	0.515***	2.286***	0.363***	2.550*
广西	1.799***	1.000***	0.529**	0.790	1.434	0.097***	2.588	3.184*	0.715	0.990	2.513**	0.567***	2.370
重庆	1.149*	1.212	0.357***	0.728	1.985	0.688	1.579	1.612	1.579**	0.903	1.142	2.497***	1.196**
四川	2.884**	0.269***	1.010***	0.720	0.806	0.989	1.490	0.872	1.410*	1.129	0.733	2.047**	1.500
贵州	1.097**	0.765	0.854	0.936	1.819	0.341***	1.672	2.767*	0.801	1.847**	1.150***	2.330***	1.849***
云南	2.114*	1.000***	1.000***	1.000***	1.000***	0.196***	2.261	1.094***	0.647**	1.102	2.114	0.713**	1.507
陕西	1.614	2.949***	0.653	0.514	1.633	0.742	1.551	1.831	0.606**	2.028***	2.609	2.593***	2.189***
甘肃	0.537*	0.657**	0.467**	1.188	1.222	0.123***	2.092	0.996*	0.437***	3.492***	1.410	0.940	1.326
青海	1.000***	1.000***	0.214***	1.626*	1.819	1.579***	1.000***	0.214***	1.667***	1.000***	0.633	1.579	1.000***
宁夏	1.000***	1.000***	0.491	1.123	0.184	2.890	1.158	2.546	0.446***	1.514**	0.307***	1.199***	0.585**
东部	1.339	1.050	0.837	0.783	1.009	0.817	1.251	1.552	0.789	0.994	1.130	1.379	1.398
中部	1.267	1.484	0.527	0.683	0.929	0.412	1.794	1.682	0.980	1.015	1.304	1.665	1.359
西部	1.353	1.002	0.553	0.923	1.172	0.484	1.218	1.328	0.850	1.275	1.490	1.483	1.607
全国	1.323	1.137	0.639	0.798	1.038	0.565	1.369	1.504	0.859	1.089	1.302	1.494	1.459

表 6-4 高新技术产业技术创新的技术进步指数

地区	2000/2001年	2001/2002年	2002/2003年	2003/2004年	2004/2005年	2005/2006年	2006/2007年	2007/2008年	2008/2009年	2009/2010年	2000/2005年	2005/2010年	2000/2010年
北京	0.782	0.769	1.033	1.594	1.398*	0.629	1.260	0.486	1.743**	1.023	1.306	1.411**	1.641***
天津	0.665	1.722*	0.992	1.521	1.291	0.575	1.020	0.689	1.214	0.720	1.382	0.494	0.897
河北	0.473*	1.120	1.742*	1.166	0.982	1.942	0.600	0.507*	1.609***	0.374***	0.909	0.424**	0.340*
辽宁	0.397***	1.221	1.513	1.642	0.976	1.473	0.625	0.597	1.794***	0.430***	1.164	0.552*	0.543
山东	0.662	0.858	1.480	1.494	0.900	1.483	1.032	0.603	1.462**	0.526**	1.194	0.756	0.686
江苏	0.533	1.180	2.033	0.986	0.947	1.302	0.699	0.815	1.187	0.638**	1.202	0.613	0.565
上海	0.960	1.322	1.251	1.839	1.212	0.919	1.303	0.676	1.225	0.598**	2.714**	0.631	1.105
浙江	0.530*	0.847	1.685	1.335	0.870	1.935	0.674	0.462	2.737***	0.339***	0.827	0.594*	0.350**
福建	0.708	1.145	2.039	0.930	0.969	0.754	0.907	0.802	1.160	0.737	1.448	0.566	0.692
广东	0.699	0.645	1.100	2.070	1.433**	1.402	1.466	0.355	2.313***	0.515**	1.217	0.841	1.337*
海南	0.868	0.674	1.008	2.509	1.394	1.140	1.483	0.367	2.449***	0.317***	0.613	0.509	0.177**
吉林	0.297***	1.218**	1.896*	1.476	1.265	3.194***	0.638	0.470	1.784***	0.503***	0.633	0.566*	0.377***
黑龙江	0.346***	1.320	1.635	1.674	0.908	1.800	0.731***	0.410	2.767***	0.220***	0.660	0.458***	0.264***
山西	0.962**	1.015	1.415*	1.100	0.980	1.680	0.715	0.974	1.041	0.491***	0.723	0.666	0.769
河南	0.468**	1.006	2.170	1.011	1.110	1.474	0.570**	0.437	2.444***	0.294***	1.003	0.351***	0.289**
安徽	0.400**	0.913	1.711	1.176	0.977	1.168	0.699	0.736	2.074***	0.286***	0.746	0.529***	0.746**

续表

地区	2000/2001年	2001/2002年	2002/2003年	2003/2004年	2004/2005年	2005/2006年	2006/2007年	2007/2008年	2008/2009年	2009/2010年	2000/2005年	2005/2010年	2000/2010年
湖北	0.369**	0.503*	1.645	1.457	1.313	2.464**	0.781	0.579	1.922***	0.487***	0.739	0.893	0.896
湖南	0.247***	0.495*	1.618*	1.180	1.041	1.286	0.664	0.614	2.397***	0.341***	0.515	0.452***	0.486***
江西	0.393**	1.023	2.000*	0.999	0.982	1.728	0.599	0.564	1.541***	0.486***	0.651	0.433***	0.413**
内蒙古	0.213***	0.905	1.123	0.993	1.336*	0.936	1.086	0.909**	1.634***	0.523***	0.466	0.455**	0.295***
广西	0.693**	0.391*	1.517	1.756	0.938	2.827**	0.504*	0.296**	2.773***	0.358***	0.503	0.465***	0.499*
重庆	0.765**	0.623	1.263	1.211	0.979	1.410	0.664	0.727	1.194	0.636**	0.895	0.578**	0.843*
四川	0.413**	0.852	1.913	1.085	0.978	1.226**	0.638	0.689	1.209***	0.434***	0.796	0.520**	0.273***
贵州	0.737***	1.108	1.848**	1.084	0.910	2.490	0.497**	0.341*	2.966***	0.258***	0.874	0.587*	0.643***
云南	0.481**	0.563	2.156*	1.896	1.463	2.777**	0.478*	0.333*	2.147***	0.402***	0.512	0.368*	0.256**
陕西	0.370**	0.696	1.713*	1.657	0.889	1.629	0.596	0.489	2.128***	0.349***	0.772	0.508***	0.466**
甘肃	0.218***	0.639	1.933*	1.344	0.983	2.912***	0.635*	0.902	1.781***	0.329***	0.338***	0.456**	0.268***
青海	0.630	0.072***	1.238	1.647	1.240	1.496***	0.348*	0.757*	1.600***	0.196***	0.105***	0.463*	0.058***
宁夏	0.173***	0.416	2.408**	1.926	1.491**	0.962	0.948	0.553	1.370***	0.749*	0.109**	0.690**	0.140***
东部	0.641	1.002	1.394	1.491	1.105	1.141	0.955	0.558	1.641	0.532	1.271	0.672	0.758
中部	0.401	0.886	1.747	1.239	1.064	1.758	0.671	0.576	1.920	0.372	0.709	0.543	0.530
西部	0.413	0.521	1.663	1.420	1.100	1.712	0.608	0.556	1.794	0.394	0.537	0.509	0.374
全国	0.484	0.775	1.577	1.393	1.092	1.479	0.742	0.562	1.767	0.435	0.863	0.580	0.563

在推动我国高新技术产业技术创新效率的动力上，三大区域与全国总体水平基本一致，技术创新的TFP的提高交替依赖于技术进步与技术效率的提高，只是东部地区无论在技术进步还是在技术效率上，其提高幅度均高于中、西部地区，因而东部地区技术创新的TFP提高幅度要高于中、西部地区。具体而言，2002～2006年和2008～2009年，我国高新技术产业技术创新活动中技术进步抵消了技术效率的低下，提升了技术创新的TFP。其中东部地区的技术进步变动指数上升幅度最大，且其技术效率较之中、西部地区下降幅度小，故而其技术创新的TFP提高最为显著。在其他年份中，虽然出现一定的技术衰退，但技术效率的提高促进了高新技术产业技术创新效率的上升。其中，中、西部地区相比，中部地区高新技术产业技术创新的技术效率指数提高幅度要略高于西部地区。综上分析，三大区域高新技术产业技术创新效率变动差异从一定程度上反映了产业发展和创新效率与地区特征的高度相关性，与我国经济发展呈现的"东高西低"的趋势一致，高新技术产业的技术创新效率也呈现出这样的特点。原因可能在于东部地区的经济实力强，在创新基础设施、政策环境、开放程度和高科技人才聚集等方面形成了比较优势，为高新技术产业的技术创新提供了有力保障。而中、西部地区由于经济基础薄弱、产业发展落后，并且规模小、人才资金匮乏、政策措施不到位等原因，制约了高新技术产业技术创新效率的提高。

为了更清楚地了解2000～2010年我国各省（自治区、直辖市）高新技术产业技术创新效率的具体情况，本章给出了各省（自治区、直辖市）在2000～2010年的平均Malmquist指数及其分解，如表6-5所示。

表6-5 高新技术产业技术创新的Malmquist生产率指数及其分解

地区	TFP	TP	TEC	PTE	SE
北京	1.024	0.995	1.029	1.000	1.029
天津	0.976	0.976	1.000	1.000	1.000
河北	0.991	0.907	1.041	0.990	1.052
辽宁	0.974	0.933	1.044	0.995	1.049

续表

地区	TFP	TP	TEC	PTE	SE
山东	1.039	0.978	1.062	0.981	1.083
江苏	0.982	0.961	1.022	0.988	1.034
上海	1.014	1.077	0.941	0.970	0.970
浙江	0.896	0.931	0.962	0.958	1.004
福建	0.968	0.965	1.003	1.023	0.981
广东	1.137	1.025	1.110	1.000	1.110
海南	0.957	0.999	0.958	0.956	1.001
吉林	0.912	1.010	0.903	0.791	1.142
黑龙江	0.640	0.906	0.706	0.836	0.845
山西	1.041	0.988	1.053	1.036	1.016
河南	0.937	0.887	1.056	1.039	1.017
安徽	0.816	0.873	0.935	0.925	1.011
湖北	0.974	0.952	1.023	0.932	1.098
湖南	0.855	0.798	1.072	0.944	1.135
江西	1.010	0.899	1.124	1.043	1.078
内蒙古	0.673	0.862	0.781	0.718	0.889
广西	0.839	0.882	0.952	0.952	1.000
重庆	0.960	0.905	1.060	0.985	1.076
四川	0.846	0.852	0.993	0.896	1.108
贵州	1.032	0.929	1.110	1.073	1.035
云南	0.924	0.953	0.969	0.968	1.002
陕西	1.045	0.863	1.211	1.043	1.161
甘肃	0.710	0.900	0.789	0.864	0.913
青海	0.589	0.653	0.902	1.000	0.902
宁夏	0.828	0.873	0.948	0.996	0.952
东部	0.995	0.976	1.015	0.987	1.028
中部	0.889	0.912	0.975	0.939	1.038
西部	0.832	0.863	0.963	0.944	1.000
全国	0.907	0.918	0.986	0.959	1.021

注：表中的 TFP、TP、TEC、PTE 和 SE 分别表示全要素生产率、技术进步、技术效率、纯技术效率和规模效率。

从表 6-5 中可以看出，2000～2010 年我国高新技术产业技术创新的平均全要素生产率略有下降，下降幅度为 9.3%，其中技术进步指数下降了 8.2%，技术效率指数下降了 1.4%。从对技术效率的分解来看，纯技术效率指数下降了 4.1%，而规模效率指数提高了 2.1%，纯技术效率的下降抵消了规模效率的提高，从而造成了技术效率的下降。这说明近年来我国高新技术产业技术创新效率的下降源于管理水平的不高和创新过程的技术手段不够先进，但是其规模处于一个良好的状态。从东、中、西部三大区域的情况来看，高新技术产业技术创新的 TFP 呈现与全国平均水平同样的下降趋势，分别下降了 5%、11.1%和 16.8%；从对 TFP 的分解来看，只有东部地区的技术效率处于上升趋势，各个地区的纯技术效率都呈下降趋势，而规模效率有所改善。总体来看，中、西部地区高新技术产业技术创新效率低于东部地区，缩小地区差距是促进我国各地区高新技术产业平衡发展的关键。

从各省市的具体情况来看，2000～2010 年高新技术产业技术创新效率提高的有北京、山东、上海、广东、山西、江西、贵州和陕西等 8 个省（自治区、直辖市），有 4 个省（自治区、直辖市）位于我国东部地区；其中提高幅度最高的为广东省，其技术创新的 TFP 提高了 13.7%；上海的 TFP 的提高主要是由于技术进步的提高，而非技术效率的改善，而在另外 7 个省（自治区、直辖市）的技术创新过程中，技术效率的提高对其技术创新的 TFP 的提高起到了决定性的作用，其中规模效率较之纯技术效率的贡献率更大。对于其他技术创新的 TFP 下降的省（自治区、直辖市）来说，技术衰退是其主要原因，另外纯技术效率的不断下降也是其原因之一。

第四节　高新技术产业技术创新效率动态变化的区域收敛性分析

从上述分析中可知，我国东、中、西部三个地区高新技术产业技术创新的

TFP 走势存在很大差距，那么这种地区间的差距是否会随着时间的推移而逐渐缩小，其收敛模式有何差异需要进一步分析。为此，需要对各地区高新技术产业的技术创新的 TFP 变化进行收敛性检验。

目前常见的收敛性分析方法有三种：σ 收敛、绝对 β 收敛和条件 β 收敛。就 TFP 收敛分析来说，σ 收敛是利用地区 TFP 变化的标准差的分布情况来判断其收敛性，若标准差随时间变化而逐渐减小则存在 σ 收敛；绝对 β 收敛是指每个地区的 TFP 增长都会达到相同的增长速度和增长水平；条件 β 收敛在考虑了不同地区自身的特征和情况的基础上，指明了每个地区都向着其各自的稳态水平不断趋近。两种形式的 β 收敛都是向着稳态水平的收敛，区别是绝对 β 收敛中所有地区最终的稳态水平是相同的，条件 β 收敛中不同地区具有各自不同的稳态水平。

借鉴已有研究文献的做法，分别对高新技术产业技术创新的 TFP 变化进行 σ 收敛、绝对 β 收敛和条件 β 收敛分析，首先使用变异系数进行 σ 收敛检验，变异系数的数学表达式为：

$$CV = \delta / \overline{TFP} \tag{6-3}$$

式中，δ 为各个地区高新技术产业技术创新的 TFP 的标准差；$\overline{TFP}$ 为 TFP 的平均值。

图 6-1 给出了 2001～2010 年我国高新技术产业技术创新的 TFP 变化的变异系数。从图中曲线的整体变动趋势来看，以 2005 年为界可以将曲线的变动趋势分为两部分。2000～2005 年我国东部、中部和西部地区，以及全国平均的高新技术产业技术创新的 TFP 变异系数在波动中呈现上升趋势，说明我国高新技术产业技术创新效率在该阶段的变动有一定的发散性。而 2005 年之后各地区高新技术产业技术创新的 TFP 变异系数呈现下降趋势，则表明我国高新技术产业技术创新效率的变化在逐渐收敛。比较不同地区的曲线变动幅度，不难发现东部地区与全国的变动基本一致，变动幅度相对较小，且东部地区的变异系数值在所有地区中最小；而与此相比，中、西部地区技术创新效率的变异系数曲线的

波动较为剧烈，尤其在2002～2006年的变动幅度最大。

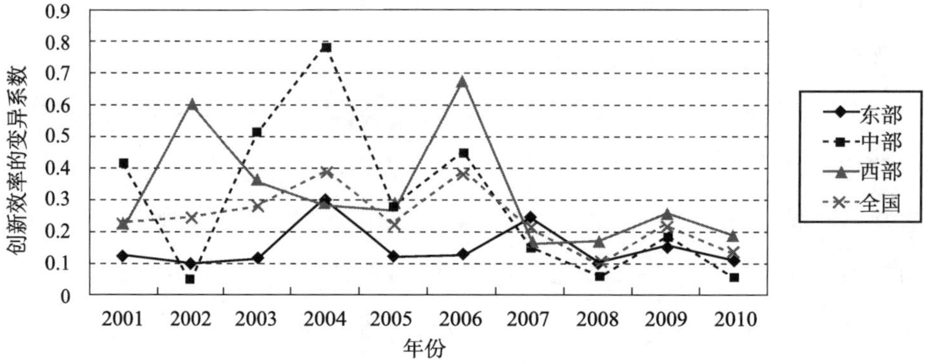

图6-1 各地区高新技术产业技术创新效率的变异系数趋势图

鉴于变异系数波动幅度较大，因此有必要通过β收敛来进一步考察我国高新技术产业技术创新TFP变化的收敛性，从而进一步解释各地区高新技术产业技术创新效率的动态变化轨迹以及其相应的趋势特征。借鉴Barro和Sala-i-Martin（1992）的研究，设定的绝对β收敛模型为：

$$g_{i,t}=\ln(\mathrm{TFP}_{i,t+T}/\mathrm{TFP}_{i,t})/T=\alpha+\beta\ln\mathrm{TFP}_{i,t}+\varepsilon_{i,t} \tag{6-4}$$

式中，$g_{i,t}$表示地区i的高新技术产业技术创新在t到$t+T$期间的年均TFP增长率；$\ln\mathrm{TFP}_{i,t}$为地区i在t期的TFP对数值，β为其系数；α为常数项；$\varepsilon_{i,t}$表示误差项。

如果落后地区有能力通过吸收、采纳先进地区的技术来满足自己的需求，技术扩散往往会使落后地区从中受益。当落后地区比技术领先地区处于更有利于迅速增长的地位时，增长就会出现趋同的收敛迹象。这里应用这一理论分析我国高新技术产业技术创新TFP的动态变化，用以检验技术创新TFP变化的收敛趋势。假设高新技术产业技术创新TFP较低的地区趋于比技术创新TFP较高的地区有更快的增长速度，即不同地区间的高新技术产业技术创新TFP增长率与原始技术创新的TFP呈负相关关系。

如表6-6所示，分别从短期和长期两个角度来考察高新技术产业技术创新TFP变化的收敛性，β系数的估计结果表明，在短期内，西部地区和全国的高新技术产业技术创新效率均具有收敛性，而东部在2000～2005年具有收敛性，中部地区在2005～2010年具有收敛性。但从2000～2010年整体来看，东部、中部、西部及全国的高新技术产业技术创新TFP变化的β系数都具有较强的显著性。以上现象说明在短期内，东部、中部地区的各省（自治区、直辖市）高新技术产业技术创新效率变化的收敛性不是很明显，但从长期来看，这种现象则具有较强的显著性。而西部地区各省（自治区、直辖市）间的这种收敛趋势无论在短期还是长期都表现得较为稳定。

表6-6　绝对β收敛检验结果

地区	检验项	2000～2005年	2005～2010年	2000～2010年
东部地区	常数项	0.012（1.423）	−0.051***（−3.526）	−0.029***（−3.465）
	β	−0.165***（−3.942）	−0.047（−0.459）	−0.115**（−2.755）
	调整R^2	0.592	0.023	0.397
中部地区	常数项	0.034（1.731）	−0.088***（−6.362）	−0.036***（−3.769）
	β	−0.082（−1.656）	−0.224***（−6.513）	−0.080**（−3.263）
	调整R^2	0.199	0.855	0.579
西部地区	常数项	0.037（1.742）	−0.059***（−3.455）	−0.040***（−4.754）
	β	−0.141**（−2.780）	−0.186***（−3.695）	−0.141***（−6.977）
	调整R^2	0.428	0.584	0.841
全国	常数项	0.023**（2.570）	−0.064***（−7.111）	−0.035***（−6.660）
	β	−0.138***（−5.331）	−0.186***（−6.263）	−0.112***（−7.363）
	调整R^2	0.495	0.577	0.655

注：表中的结果是用Eviews 5.0软件计算出来的，其中**代表在5%的显著性水平下通过检验，***表示在1%的显著水平下通过检验。括号内的数字为t值。

为了进一步验证不同省市高新技术产业技术创新的TFP变化是否收敛于各自的稳态水平，需要进行条件β收敛检验。借鉴Mankiw等（1992）、Islam（1995）、Caselli等（1996）的文献中采用的模型，建立加入经济发展水平、人力资本、市场化程度、开放程度等条件控制变量的模型，采用Dynamic Panel Data一阶差分GMM（2-Step）方法进行估计。条件β收敛检验模型为：

$$
\begin{aligned}
d(\ln \mathrm{TFP}_{i,t}) &= \ln(\mathrm{TFP}_{i,t}) - \ln(\mathrm{TFP}_{i,t-1}) \\
&= \alpha + \beta \ln \mathrm{TFP}_{i,t-1} + BX + \varepsilon_{i,t} \qquad (6\text{-}5)
\end{aligned}
$$

式中，$TFP_{i,t}$ 和 $TFP_{i,t-1}$ 分别为各省市第 t 期和第 $t-1$ 期的高新技术产业技术创新的 TFP 变化；X 为条件控制变量；B 为控制变量的系数；α 为常数项；$\varepsilon_{i,t}$ 表示误差项。β 为负时表示存在条件收敛，反之发散。对于条件控制变量，经济发展水平、人力资本、市场化程度、开放程度分别用人均 GDP、每百万人口在校大学生数、政府消费占 GDP 比重、进出口总额占 GDP 比重等四个指标来衡量，数据来源于中经网统计数据库。检验结果如表 6-7 所示。

表 6-7　条件 β 收敛检验结果

变量	全国	东部	中部	西部
常数项	−4.850*** (−3.463)	−3.322*** (−3.047)	−1.858 (−0.448)	−11.181** (−2.511)
β	−1.305*** (−16.392)	−1.303*** (−9.849)	−1.376*** (−16.823)	−1.300*** (−10.995)
经济发展水平	−0.412*** (−2.754)	−0.335*** (−3.456)	−0.183 (−0.399)	−0.726*** (−2.767)
人力资本	0.896*** (3.470)	0.552*** (3.604)	0.314 (0.388)	1.935*** (2.733)
市场化程度	3.055*** (2.761)	4.102** (2.438)	0.314 (0.388)	1.793 (1.188)
开放程度	−0.109 (−0.675)	−0.091 (−0.523)	−1.065 (−0.205)	−0.180 (−0.075)
R^2	0.675	0.659	0.700	0.693
F	14.812	11.696	12.036	11.612

注：表中的结果是用 Eviews 5.0 软件计算出来的，其中 ** 代表在 5%的显著性水平下显著，*** 表示在 1%的显著水平下显著。括号内数字为 t 值。

表 6-7 显示，在控制了其他变量之后，β 系数为负，表明全国及东、中、西部地区的高新技术产业技术创新的 TFP 都存在条件收敛。而作为控制变量，经济发展水平、人力资本、市场化程度是促成收敛的显著因素。

从绝对 β 收敛和条件 β 收敛的检验结果综合来看，尽管有些地区高新技术产业技术创新的 TFP 变化在不同时段呈现出一定的发散状态，但是，各个地区在较长的时段内都呈现了显著的条件收敛状态，达到各自的稳态水平。要缩小我国省际高新技术产业技术创新效率的差距，在加强各省市高新技术产业技术引进与创新的基础上，应进一步加大省际高新技术产业在技术、政策、管理及人才等方面的交流与合作，加速技术创新效率的收敛趋势，确保我国各省（自治区、直辖市）高新技术产业技术创新效率的协同提高。

第五节　本章小结

本章使用DEA-Malmquist指数与Bootstrap方法相结合，对2000～2010年我国省际高新技术产业技术创新的TFP变动进行了测算，并给出了效率估计值的显著性水平。同时，也分析了高新产业技术创新效率变化的区域收敛性。研究结论如下：

（1）2000～2010年我国高新技术产业技术创新的全要素生产率处于不断波动之中，整体来看，TFP的提高与下降交替出现，技术创新效率的改进并不理想。从三大区域和各省（自治区、直辖市）的情况来看，高新技术产业技术创新的TFP变动方向存在显著差异，东部地区增长最快，29个省（自治区、直辖市）中有1/3的省（自治区、直辖市）的TFP出现了下降，另有1/3的省（自治区、直辖市）没有明显变化。

（2）从对高新技术产业技术创新的TFP分解情况来看，2000～2010年我国各省（自治区、直辖市）高新技术产业技术创新的技术效率和技术进步的变动方向并不稳定，TFP的变动方向取决于这两个指数的变动幅度。在推动我国高新技术产业技术创新发展的动力上，技术创新的TFP的提高交替依赖于技术进步与技术效率的提高，东部地区无论在技术进步还是在技术效率上，其提高幅度均高于中、西部地区。

（3）通过变异系数和β收敛考察我国高新技术产业技术创新效率变动的收敛性分析结果表明，在短期内，西部地区和全国的高新技术产业技术创新效率均具有收敛性，而东部在2000～2005年具有收敛性，中部地区在2005～2010年具有收敛性。但从2000～2010年整体来看，东部、中部、西部及全国的高新技术产业技术创新效率变化的β检验都具有较强的显著性。

从研究结果来看，我国省际高新技术产业技术创新的TFP变动存在显著差异，各省（自治区、直辖市）应该结合效率变动的差异采取不同的措施；引进新的管理理念与方法，建立新的制度体系，不断壮大产业规模；加大技术引进力度，促进创新过程中先进技术的应用。鉴于我国东部、中部和西部地区不同省（自治区、直辖市）高新技术产业技术创新效率变动的差异情况，政府应进一步促进省际高新技术产业在技术、政策、管理及人才等方面的交流与合作，加速技术创新效率的收敛趋势，确保我国各省（自治区、直辖市）高新技术产业技术创新效率的协同提高。

第七章 提升高新技术产业技术创新效率的政策选择

一、准确定位政府在高新技术产业技术创新中的角色

研究结论表明，政府干预并不利于研发资源的有效配置，影响了技术创新效率的提高。放弃政府对高新技术产业技术创新过程的参与，很显然是不符合现实中国国情的，这样的研究结论可能与实证研究中对政府行为的刻画不够全面有关，那么政府该如何定位在参与高新技术产业技术创新中的角色呢？

政府部门应该继续加大对高新技术产业的支持力度，明确重点支持的行业和区域，发挥政府政策的导向作用，引导创新资源的合理适度流动。政府参与高新技术产业创新是否提高其运作效率，在很大程度上取决于制度的严格与否。因为政府参与高新技术产业技术创新意味着政府对资源的直接支配和配置，如果在制度上不能保证防止资源的滥用，或者具有确定意图的资源被任意挪用，或者由于政府的直接参与而导致资源配置的不合理垄断，则高新技术产业技术创新就会受到严重的损害。因此，要加强对科技投入的有效管理，特别是要加强对研发资金使用的全程监控，防止滥用研发资金。加强对政府研发资金的有效管理，要建立和完善适应科学研究发展规律和科技活动特点的研发经费管理制度，提高资金使用效率，从而使科技资源投入效益最大化。一方面，要强化对研发经费的监管，提高经费的使用效益。建立以预算管理为核心的经费管理

机制，通过施行预算评审评估机制，提高预算决策的科学化水平。在研发经费管理上，实行全过程管理。另一方面，要在研发经费管理上引入“问责制度”。要对创新项目进行过程管理、过程监督，一旦发现问题，财政部门有权停止继续拨款。在项目完成后，引入第三方对经费管理及使用过程进行独立评价。以此，来加强政府对高新技术产业技术创新经费投入的有效管理，发挥资金效用，提升技术创新效率。

在加大直接财政科技投入支持的同时，政府更应该给予高新技术产业创新更多的支持政策，如信贷政策、税收优惠、政府采购、专利权保护等，增强企业自主创新的积极性，促进技术创新效率的提升。政府决策部门应制订切实可行的规划和计划，把握资源投入的领域，通过宏观调控给予足够的保障。在微观的项目、人员和资金的竞争上，以及研发工作机制上采用民间化、社会化和市场化的运作方式进行。政府应通过对高新技术产业发展的战略规划和布局，引导高技术企业的发展方向。提供信贷、税收、贸易和政府采购等政策上的优惠，鼓励和扶植高新技术产业的发展。信贷方面，银行应放宽对高新技术的贷款额度，降低贷款利息，政府实行贴息政策鼓励商业银行向高新技术企业贷款。税收方面，政府应该对从事高新技术的企业减免各种税金，实行特别折旧制度加速其固定资产折旧等。贸易和政府采购方面，政府鼓励高新技术企业的产品出口，贯彻出口退税和补贴，加大政府采购力度，保护高技术企业的产品，培育高新技术产业的早期市场。另外，政府应不断发挥协调功能，统一组织和协调大学、研究院所和企业研究所的研发工作，鼓励各研究机构之间的联合研发，加强各研究机构之间的合作。政府统一管理高科技情报资源的收集，创建技术情报市场，强化不同产业和不同所有制企业之间的技术交流与转让。

二、推进高新技术产业的产权制度改革，建立多元化的所有制结构

从经验研究结论来看，高新技术产业中企业国有化比重的下降以及外资企业比重的提高，有利于减少研发资源的浪费，促使技术创新效率的提高，因此

高新技术产业所有制结构的多元化改革将成为效率改进的重要措施。国有产权占有相当大的比例是具有中国特色的产权制度安排，是我们无法回避的现实，因此，多种所有制共存是适合我国高新技术产业发展的有效途径，但应合理控制和调节各种所有制的比例。例如，非竞争性的国有企业过多，会产生浪费、无效率；外资企业过多则会引起过度竞争，对国内企业产生较大冲击，过少则不利于产业技术外溢效果的形成及竞争意识的培育等。从现实情况来看，近年来，我国高新技术产业中的国有企业无论在产值比重、增加值比重还是固定资产比重等指标上都呈现出下降趋势，但研发投资却有一定增长，国有企业在一些重要高新技术研发领域仍有不可替代的作用，另外，国有企业的规模相对较大，具有研发规模经济效应。因此，应该进一步完善国有企业的产权关系，有效监督和管理国家创新资源的合理利用，在所有制结构调整中应注意控制非竞争性国有企业的数量及质量，通过逐步放开政府保护及取消行业垄断、提高竞争意识等的方式改变国有企业创新效率不高的现状。

随着行业对外开放程度的逐步提高，外资企业已经成为支撑高新技术产业发展的主导力量，许多外资企业在中国建立海外研发中心，输出了先进的管理经验、技术及高素质人才，在促进行业竞争的同时，产生了大量的技术外溢效应，有效地促进了高新技术产业技术创新效率的提高。因此，应该不断强化外资企业的创新动力，引导外资的合理流向，鼓励外商投资高新技术产业，如计算机、电子通信设备、航空航天、生物制药等，对这些行业可以实行幅度较大的税收减免和优惠。同时，政府可给予相应的科研补助，放宽外资政策的限制。此外，对于汽车、机械制造等传统产业应该以促进其核心技术转移为目标，加快对技术的引进和改造。同时，应该注重提高吸收外资的质量，促进跨国公司核心技术的转移；进一步完善知识产权保护法律法规，只有具备良好的知识产权保护环境才能充分吸引跨国公司来华直接投资；加大对外资核心技术转移的政策倾斜，限制一般性技术和淘汰技术的引进；促进跨国公司设立研发中心和采购中心，带动我国的高新技术产业技术创新效率的提升。

民营企业和中小企业也是高新技术产业技术创新效率和能力提升的不可忽视的力量。中小企业也能为大企业提供足够的发展空间和发展潜力，如硅谷大批中小企业的创新活动，有力地支撑着微软等大型公司的发展。但是中小企业资金、信息等方面的相对劣势使得它们在创新过程中面临许多问题，这种情况在资本市场不甚发达的条件下表现得相当明显。美国的小企业创新研究资助（SBIR）计划就是一个典型的例子。小企业创新研究资助计划根据研究过程和商业化的不同阶段，向中小企业提供不同数量的资金支持，在一定程度上弥补了中小企业创新资金的不足，加速了企业创新步伐。因此，应高度重视民营企业和中小企业特别是科技型中小企业在高新技术产业技术创新中的作用，要把支持民营企业和中小企业技术创新作为政策的重要出发点。中小型企业特别是科技型中小型企业是最具创新活力的企业群体，也是面临巨大创新风险的企业群体。因此，要加强对中小型企业技术创新的资金支持和政策引导，提高它们的抗风险能力。

高新技术产业产权结构多元化，尤其是外资企业的大规模进入，以及民营企业和中小企业的积极参与，将极大地刺激企业治理结构和激励机制的变革，使研发资源配置出现效率导向，促进高新技术产业技术创新效率的提升。

三、壮大大型高新技术企业规模，扶持中小企业发展，培育合理的竞争性市场环境

实证研究结论表明，高新技术产业中较高的市场集中度、较大或适中的企业规模，有助于减少研发资源的冗余，技术创新具有规模经济性，技术创新效率也越高。大企业的研发具有规模经济，研发创新效率相应较高，创新转化能力强。但是如果企业的规模过大，同样有可能导致资源配置低效、管理混乱、分工不明确等诸多弊端，所以，规模不能无限制地扩大，只有选择出最优的产业规模，才能使产业组织化程度提高，最终使技术创新效率达到最优化。中小企业的技术创新受政策、资金、市场竞争以及不确定性的限制，往往使许多创

新想法难于付诸实施。这意味着竞争寡头主导的、大中型企业共存的市场结构是有助于改善高新技术产业技术创新效率的理想市场结构状态。因此，在壮大企业规模，积极扶植中小企业发展的同时，适当地建立产业进入和退出壁垒，培育合理的竞争性市场环境是技术创新效率提升的制度保障。

我国高新技术产业多数行业属于高垄断性行业，国有资产控股的超大型企业行业寡头垄断情况极为普遍，使得行业的竞争度不高，效率意识得不到强化。但是，大型国有企业具有研发资源优势，应充分利用大型国有企业的研发力量，发挥大中型企业本身所具有的产业集聚效应和规模效应，实行有效的监管和引导，推动高新技术产业技术创新效率的提升。目前，我国高新技术产业要在高端技术领域提升创新能力和效率仍有赖于较大规模的企业，完全依靠政府去消除垄断是不可行的。正确的方向是政府通过向民间部门提供信息和法律等方面的服务来帮助民间部门解决垄断问题。同时，适度设置市场进入壁垒也是提高竞争、间接减少垄断的较好方式，进入壁垒主要包括阻碍进入的策略性行为或政府对行业进入限制。最后应合理地定位政府管制的地位，恰当地发挥政府管制在提高市场结构有效性中的作用。

对于中小企业应该给予更多的政策支持，不断壮大其规模，增强其参与创新的动力，发挥其技术创新的辅助作用，形成合理的市场竞争环境。通过不断巩固和壮大高新技术产业基地和各类产业园区建设，形成优势产业集群，引导人才、资金和技术向产业集群集中，汇聚更多中小企业，形成创新资源优势互补、有序竞争的市场态势；促进并深化行业协会的作用，可以考虑由政府出面组织领导协会，从而更好地保护中小企业利益、更有效地对成员进行约束，避免成员的机会主义行为等；用组织替代市场，由竞争走向合作，提高产业组织化程度，提高企业的合作意识；走产权重组道路替代战略联盟，从而解决由于企业间缺乏产权纽带而只能达成短期利益联盟形式，实现集团成员之间的产权渗透，在培育一批具有国际竞争力的大企业的基础上，形成以大企业为核心的，大中小企业协同发展的高新技术产业组织结构格局。

制定高新技术产业进入壁垒政策，促进有效竞争。一是要进一步完善市场价格机制，缩小产品之间的平均利润水平的差距，使一些小批量生产、规模不经济的高技术企业失去保护作用；二是要消除地区、部门的封锁与割据，使技术水平低、小量生产、规模不经济的高技术企业失去地区、部门的“行政”保护，该被兼并的就应被兼并，该破产退出的就应破产退出；三是制定产业进入壁垒政策，根据高新技术产业的特点，以及对规模经济的要求，确定进入标准，达不到标准的就不允许新建企业进入。标准的设立应以最小最优经济规模为参考，同时考虑生产技术、要素供给、市场需求等因素，标准的内容应是投入生产要素的规模、产品、品种、生产批量等。通过设置适当的进入壁垒，限制小批量、规模不经济的企业进入高新技术产业。

四、引导区域创新资源的流动，在错位发展的基础上，促进区域高新技术产业技术创新效率的相对均衡提升

区位条件、要素禀赋、产业布局、制度环境等差异造成了我国区域经济发展的不平衡，造成区域产业发展水平差异显著，高新技术产业同样也不例外。研究表明，我国区域高新技术产业技术创新效率特征存在显著差异，原因在于其管理水平、资源禀赋、产业规模的差异。在区域高新技术产业技术创新效率均衡提升的目标下，各省（自治区、直辖市）应该结合自身效率损失的原因采取不同的措施，那些纯技术效率较低的省（自治区、直辖市）主要是由于管理方面存在不足而导致技术创新效率不理想，因此需要加强管理创新及制度变革，引进新的管理理念与方法，建立新的制度体系；那些规模效率较低的省（自治区、直辖市）的迫切任务是不断扩大高新技术产业规模，提升高新技术产业技术创新的规模效益。同时，应加强省与省之间高新技术产业创新资源的流动，实现创新资源优势互补，逐渐缩小地区之间高新技术产业技术创新效率的差距，提升全国范围内的高新技术产业技术创新能力和竞争力。

鉴于我国东部、中部和西部地区不同省（自治区、直辖市）高新技术产业

技术创新效率变动的差异情况，政府应进一步促进省际高新技术产业在技术、政策、管理及人才等方面的交流与合作，缓解东部地区与中西部地区的研发资源极度不均衡的状况，加速技术创新效率的收敛趋势，确保我国各省（自治区、直辖市）高新技术产业技术创新效率的协同提高。中西部地区要通过深化经济体制的市场化改革，加快转变政府职能，出台多种切实可行、吸引技术密集型高新技术企业投资的资金扶持政策、税收优惠政策和知识产权保护政策等优惠措施；加快地区金融发展，形成较丰富的技术创新融资模式，改善其落后的投资环境；不断调整和优化产业结构，鼓励外资投向高新技术产业和先进制造业，支持外资继续投入技术密集型产业，在保证经济和环境可持续发展的前提下，在劳动密集型产业和技术密集型产业之间找到平衡点。东部地区要利用好新一轮国际产业转移机遇，全面提升参与全球分工和竞争的层次，从过去以生产成本发展劳动密集型产业，向技术密集型产业方向发展，而中西部地区通过建立与东部地区之间的产业转移对口合作机制，承接来自东部地区的先进产业，吸收更多的“技术溢出”“知识溢出”和“人才溢出”，实现区域高新技术产业技术创新效率的均衡提升。

五、促进高新技术产业行业间的协调发展，提升创新效率和产业竞争力

从研究结果来看，高新技术产业技术创新效率的行业间差异十分显著，反映了行业间的管理水平、产业规模、竞争程度、产权结构等方面的差异。首先，政府部门应该合理规划高新技术产业规划和布局，在不断巩固那些规模和技术领先、创新能力强、创新效率高的高新技术行业发展的同时，对于那些规模较小、创新能力较弱、产业发展与国外差距较大的行业，应给予更多的政策支持，打破少数企业特别是国有企业的垄断地位，不断提升产业规模和技术创新能力，缩小行业之间在创新能力和效率上的差异。其次，促进行业之间的深度合作，实现创新资源的互动和共享，通过合作，可以不断提升技术创新效率较低行业

的管理水平，积累先进的管理经验，吸收高素质人才和先进技术，弥补差距。最后，通过不断壮大行业中的领军企业的规模，积极吸引外资企业和民营企业参与，形成高新技术产业的有序竞争性的市场结构和多元化的产权结构，促使不同行业产生参与创新的积极性和动力，进而提高其技术创新效率。

六、培养和吸引高素质的科技人才，为高新技术产业的创新储备人力资本

知识经济时代，人力资本是最重要的战略性资源，高新技术产业是知识经济时代的先导产业，高新技术产业的发展关键在于技术创新，而人力资本的积累是创新的源泉。目前，我国高新技术产业缺乏系统的激励机制，知识产权得不到有效保护，知识股权激励不充分，人力资本投资不足，表现在研发投入不足、教育培训机制不健全、人才流动渠道不畅等方面，严重影响了高新技术产业的创新能力和效率。

良好的教育是提高人才素质的关键，更是培养创新之源的主要途径。世界各国政府纷纷采取措施加强教育，美国政府将培训优秀人才，促进人才流动，广泛吸纳国外智力作为发展高新技术产业的一项重要措施。大力发展教育事业，努力培养科技人才，抓好中小学教育改革，增强国民的科技素质，同时注重对在职科技人员进行技术培训。美国的人才培养，一是加强理工科教育，为高新技术产业发展提供专门人才支持；二是注重高级人才的培养，尤其重视科学和工程领域研究生的数量和质量；三是注重吸纳国外优秀科技人才，积蓄人力资本；五是通过人才合理流动促进人力资源高效配置，引导科技人才进入民用科技研发机构，对传统产业领域富余科技人员进行继续教育与培训，使这些科技人员能够进入高新技术产业领域。日本也采取多项措施培养和吸纳高新技术人才，文部科学省在大学设立“任期制助教授”职位，鼓励年轻学者自由地开展学术研究活动；经济产业省与大企业合作，建立专供青年科技人员使用的实验室；在人才引进方面，颁布新的出入境管理修正案，为有专门知识和技术的外

国人才在日本提供就业机会，通产省设立“国际高技术研究生院”，加强高新技术领域的国际合作，培养高技术人才。欧盟则允许科研人员在各国自由流动，加强科研人员之间的合作。

我国也应该加大教育投资，坚持教育适度超前发展，大力发展高等教育、职业技术培训教育，逐步完善终身教育体系，以普遍提高全体劳动者的科学素质和劳动技能，这是保证高新技术产业技术创新有不竭动力的关键。我国应该采取多种措施开发人才资源，留住人才，用好人才和吸引人才。一是创新人才培养模式，开展订单式人才培养，与国外企业合作培养国际化科技人才，并做好重点领域紧缺人才的培养；二是完善高新技术人才服务体系，积极开展“引智”工程，吸引、聘用海外高新技术人才，鼓励留学人员回国工作或以适当方式为祖国服务；三是建立合理的人才流动机制，保证人才流动的规范性和有序性，加强科研单位与企业的沟通，促进产、学、研合作；四是建立有利于高新技术人才成长的激励机制，改革科技奖励制度，引进和推广产权激励制度，完善高新技术企业的培训、考核、使用、评价与待遇相结合的机制。通过一系列措施，为高新技术产业技术创新效率的提升做好人力资源准备，这也是最基本的前提。

参考文献

白俊红 . 2011. 企业规模、市场结构与创新效率——来自高新技术产业的经验证据 . 中国经济问题，(5)：65-78.

池仁勇，虞晓芬，李正卫 . 2004. 我国东西部地区技术创新效率差异及其原因分析 . 中国软科学，(8)：128-131.

邓路，高连水 . 2009. 研发投入、行业内 R&D 溢出与自主创新效率——基于中国高新技术产业的面板数据（1999—2007）. 财贸研究，(5)：9-14.

范爱军，刘云英 . 2006. 我国高技术产业技术创新影响因素的定量分析 . 经济与管理研究，(10)：58-62.

冯根福，刘军虎，徐志霖 . 2006. 中国工业部门研发效率及其影响因素实证分析 . 中国工业经济，(11)：46-51.

傅家骥 . 1998. 技术创新学 . 北京：清华大学出版社 .

顾乃华，李江帆 . 2006. 中国服务业技术效率区域差异的实证分析 . 经济研究，(1)：46-56.

官建成，陈凯华 . 2009. 我国高技术产业技术创新效率的测度 . 数量经济技术经济研究，(1)：19-33.

郭军华，倪明，李帮义 . 2010. 基于三阶段 DEA 模型的农业生产效率研究 . 数量经济技术经济研究，(12)：27-38.

韩松，王稳 . 2004. 几种技术效率测量方法的比较研究 . 中国软科学，(4)：147-151.

韩霞 . 2009. 高技术产业公共政策研究 . 北京：社会科学文献出版社 .

何枫，陈荣，何炼成 . 2004. SFA 模型及其在我国技术效率测算中的应用 . 系统工程理论与实践，(5)：46-50.

黄宪，余丹，杨柳 . 2008. 我国商业银行 X 效率研究——基于 DEA 三阶段模型的实证分析 . 数量经济技术经济研究，(7)：80-91.

贾丽娟 . 2010. 高新技术产业创新与发展战略研究 . 北京：中国经济出版社 .

江曙霞，戴晓彬，高国伟 . 2008. 基于 DEA 的福建省科技企业投入产出效率及生产力变动评价 . 统计研究，(12)：30-35.

蒋殿春，夏良科 . 2005. 外商直接投资对中国高新技术产业技术创新作用的经验分析 . 世界经济，(8)：3-10.

蒋殿春，张宇 . 2006. 行业特征与外商直接投资的技术溢出效应：基于高新技术产业的经验分析 . 世界经济，(10)：21-29.

解垩 . 2007. 中国高技术产业动态效率分析 . 天府新论，(3)：52-60.

经济合作与发展组织，欧盟统计局 . 2000. 技术创新调查手册 . 北京：新华出版社 .

库姆斯，萨维奥蒂，沃尔什 . 1989. 经济学与技术进步 . 中国社会科学院数量经济与技术经济研究所译 . 北京：商务印书馆 .

匡海波 . 2007. 基于超效率 CCR-DEA 的中国港口上市公司成本效率评价研究 . 中国管理科学，(3)：142-148.

李树根，杨印生，郝海 . 1996. Banach 空间的 DEA 模型 . 东北运筹与应用数学，(1)：16-18.

李向东，李南，白俊红，等 . 2011. 高技术产业研发创新效率分析 . 中国软科学，(2)：52-61.

李新春，李胜文，张书军 . 2010. 高技术与非高技术产业创新的单要素效率 . 中国工业经济，(5)：68-77.

李再扬，杨少华 . 2010. 中国省级电信业技术效率：区域差异及影响因素 . 中国工业经济，(8)：129-139.

林毅夫，蔡昉，李周 . 1997. 充分信息与国有企业改革 . 上海：上海三联书店，上海人民出版社 .

刘秉镰，林坦，刘玉海 . 2010. 规模和所有权视角下的中国钢铁企业动态效率研究——基于 Malmquist 指数 . 中国软科学，(1)：150-157.

刘小玄 . 1998. 竞争市场上的国有企业行为——关于微利企业的案例研究报告 . 管理世界，(1)：176-185.

刘志迎，叶蓁，孟令杰 . 2007. 我国高技术产业技术效率的实证分析 . 中国软科学，(5)：133-137.

刘志迎，叶蓁 . 2006. 我国高技术产业各行业技术效率的实证分析——基于非参数的 Malmquist 指数方法 . 科学学与科学技术管理，(9)：22-27.

鲁蓉，张林秀 . 2002. 我国个体私营乡镇企业的技术效率因素分析——浙江省织里镇案例研究 . 农业技术经济，(1)：18-22.

逯宇铎，兆文军 . 2011. 高新技术产业化理论与实践 . 北京：科学出版社 .

毛日昇，魏浩 . 2007. 所有权特征、技术密集度与 FDI 技术效率外溢 . 管理世界，(10)：31-42.

钱颖一 . 1999. 激励与约束 . 经济社会体制比较，(5)：7-12.

泰勒尔 . 1997. 产业组织理论 . 马捷译 . 北京：中国人民大学出版社 .

唐晓燕 . 2011. 中国高技术产业市场结构与技术效率 . 吉林大学博士学位论文 .

唐要家，唐春晖 . 2004. 竞争、所有权与中国工业行业技术创新效率 . 上海经济研究，(6)：13-19.

陶长琪，王志平．2011. 技术效率的地区差异及其成因分析——基于三阶段 DEA 与 Bootstrap-DEA 方法．研究与发展管理，(6)：91-99.

田刚，李南．2009. 中国物流业技术进步与技术效率研究．数量经济技术经济研究，(2)：76-87.

王付彪，阚超，沈谦，等．2006. 我国商业银行技术效率与技术进步实证研究（1998—2004）．金融研究，(8)：122-132.

王军，杨惠馨．2010. 2006～2008 年中国省际高技术产业效率实证研究．统计研究，(12)：46-50.

王明友．1997. 知识经济与技术创新．北京：经济管理出版社．

王亚华，吴凡，王争．2008. 交通行业生产率变动的 Bootstrap-Malmquist 指数分析（1980—2005）．经济学（季刊），(3)：891-912.

魏世红．2008. 中国高技术产业技术效率研究．大连理工大学博士学位论文．

吴和成．2008. 高技术产业 R&D 效率分析．研究与发展管理，(10)：83-89.

夏业良，程磊．2010. 外商直接投资对中国工业企业技术效率的溢出效应研究——基于 2002～2006 年中国工业企业数据的实证分析．中国工业经济，(7)：55-65.

肖耿．1997. 产权与中国的经济改革．北京：社会科学文献出版社．

熊彼特．1990. 资本主义、社会主义与民主．吴良健译．北京：商务印书馆．

许长新．1996. 我国区域经济增长的技术效率分析．财经研究，(3)：21-24.

许庆瑞．1990. 技术创新管理．杭州：浙江大学出版社．

薛俊波．2008. 基于 DEA 的区域效率研究．中国管理科学，(S1)：168-171.

余修斌．2000. 中国制造业技术效率与国际竞争力的理论与实证研究．北京航空航天大学博士学位论文．

余泳泽，武鹏．2010. 我国高技术产业研发效率空间相关性及其影响因素分析．产业经济评论，(9)：71-86.

约瑟夫·熊彼特．1990. 经济发展理论．何畏，易家详，张军扩译．北京：商务印书馆．

张倩男，赵玉林．2007. 高技术产业技术创新能力实证分析．工业技术经济，(4)：21-26.

张倩肖，冯根福．2007. 三种 R&D 溢出与本地企业技术创新．中国工业经济，(11)：64-72.

张同斌．2012. 中国高新技术产业的发展及其影响因素研究．东北财经大学博士学位论文．

郑海龙，吴启芳，巢剑雄．2001. 国家高新技术产业开发区发展实证研究．数量经济技术经济研究，(2)：32-34.

周端明．2009. 技术进步、技术效率与中国农业生产率增长——基于 DEA 的实证分析．数量经济技术经济研究，(12)：70-82.

朱平芳，刘弘，姜国麟．2002. 上海市高新技术产业投入产出效益分析．财经研究，(5)：66-72.

朱平芳，徐伟民．2003. 政府的科技激励政策对大中型工业企业 R&D 投入及其专利产出的影响——上海市的实证研究．经济研究，(6)：45-53.

朱秀梅．2008. 高技术产业集群创新路径与机理实证研究．中国工业经济，(2)：66-75.

朱有为，徐康宁．2006. 中国高技术产业研发效率的实证研究．中国工业经济，(11)：38-45.

Abramoviz M. 1986. Catching up，forging ahead，and falling behind. The Journal of Economic History，46 (2)：385-406.

Adams W J. 1970. Firm size and research activity：France and the United States. Quarterly Journal of Economics，84 (3)：386-409.

Afriat S N. 1972. Efficiency estimation of production functions. International Economic Review，58：568-598.

Aghion P，Bloom N，Blundell R，et al. 2005. Competition and innovation：an inverted-U relationship. Quarterly Journal of Economics，120 (2)：701-728.

Aginer D J，Chu S F. 1968，On estimating the industry production function. American Economic Review，58：826-839.

Aigner D J，Lovell C A，Schmidt，P. 1977. Formulation and estimation of stochastic frontier production function models. Journal of Econometrics，6：21-37.

Aldaza N，Millan J A. 2003. Regional productivity of spanish agriculture in a panel DEA framework. Applied Economics Letters，10 (2)：87-90.

Arbussa A，Coenders G. 2007. Innovation activities，use of appropriation instruments and absorptive capacity：evidence from Spanish firm. Research Policy，36：1545-1558.

Arrow. 1962. Economic Welfare and the Allocation of Resources for Invention in National Bureau of Economic Research. The Rate and Direction of Inventive Activity. Princeton：Princeton University Press.

Avkiran N K. 2011. Association of DEA super-efficiency estimates with financial ratios：investigating the case for Chinese banks. Omega，39：323-334.

Bain J S. 1959. Industrial Organization：A Treatise. New York：Wiley.

Ball V E，Bureau J，Butault J，et al. 2001. Levels of farm sector productivity：an international comparison. Journal of Productivity Analysis，15 (1)：5-29.

Banker R D，Charnes A，Cooper W W. 1984. Some models for estimating technical and scale inefficiencies in data envelopment analysis. Management Science，30：1078-1092.

Bannistter G，Stolp C. 1995. Regional concentration and efficiency in Mexican manufacturing. European Journal of Operational Research，80 (3)：672-690.

Barro R J，Sala-i-Martin X. 1992. Public finance in models of economic growth. Review of Economic Studies，

59 (4): 645-661.

Battese G E, Coelli T J. 1992. Frontier production functions, technical efficiency and panel data: with application to paddy farmers in India. Journal of Productivity Analysis, 3: 153-169.

Battese G E, Corra G S. 1977. Estimation of a production frontier model with application to the pastoral zone of eastern Australia. Australian Journal of Agricultural Economics, 21: 169-179.

Beeson P E, Husted S. 1989. Patterns and determinants of productive efficiency in state manufacturing. Journal of Regional Science, 29 (1): 15-28.

Berndt E R, Morrison C J. 1995. High-tech capital formation and economic performance in U. S. manufacturing industries an exploratory analysis. Journal of Econometrics, 65: 9-43.

Caselli F, Esquivel G, Lefort F. 1996. Reopening the convergence debate: a new look at cross-country growth empirics. Journal of Economic Growth, 3 (1): 363-389.

Caves D, Christensen L, Diewert W. 1982. The economic theory of index numbers and the measurement of input, output and productivity. Journal of Econometrics, 50 (6): 1393-1414.

Chambers R, Fare R, Grosskopf S. 1996. Productivity growth in APEC countries. Pacific Economic Review, 1 (3): 181-190.

Charnes A, Cooper W W, Golany B, et al. 1985. Foundations of data envelopment analysis for Pareto-Koopmans efficient empirical production functions. Journal of Econometrics, 30: 91-107.

Charnes A, Cooper W W, Rhodes E. 1978. Measuring the efficiency of decision making units. European Journal of Operational Research, 6 (2): 429-444.

Charnes A, Cooper W W, Wei Q L, et al. 1989. Cone ratio data envelopment analysis and multi-objective programming. International Journal of Systems Science, 20: 1099-1118.

Charnes A, Cooper W W, Wei Q L. 1986. A semi-infinite multicriteria programming approach to data envelopment analysis with infinitely many decision making units. The University of Texas at Austin, Center for Cybernetic Studies Report CCS 551.

Charnes A, Cooper W W, Wei Q L. 1988. Compositive data envelopment analysis and multi-objective programming. Center for Cybernetic Studies Report CCS 633, Center for Cybernetic Studies, The University of Texas at Austin.

Chen C, Chien C, Lin M, et al. 2004. Using DEA to evaluate R&D performance of the computers and peripherals firms in Taiwan. International Journal of Business, 9 (4): 347-359.

Chena C, Huang C. 2004. A multiple criteria evaluation of high-tech industries for the science-based industrial park in Taiwan. Information & Management, 41: 839-851.

Chung-Jen C, Quey-Jen Y. 2005. A comparative performance evaluation of Taiwan's high-tech industries. International Journal of Business Performance Management, 7 (1): 16-33.

Cloodt M, Hagedoorn J, van Kranenburg H. 2006. Mergers and acquisitions: their effect on the innovative performance of companies in high-tech industries. Research Policy, 35: 642-654.

Coe S, Helpman M. 1995. International R&D spillovers. European Economic, Review, 39 (5): 859-887.

Coelli T J, Rao D S P, O' Donnell C J, et al. 2009. 效率和生产率分析导论．刘大成译．北京：清华大学出版社．

Comanor W S. 1967. Market structure, product differentiation, and industrial research. The Quarterly Journal of Economics, 81 (4): 639-657.

Cooper W W, Seiford L M, Tone K. 2007. Data Envelopment Analysis: A Comprehensive Text with Models, Applications, References and DEA-solver Software. 2nd ed. New York: Springer.

Damanpour F. 1992. Organizational size and innovation. Organization Studies, 13 (3): 375-402.

Damnpour F. 1992. Organizational size and innovation. Organization Studies, 13: 375-402.

Debreu G. 1951. The coefficient of resource utilization. Econometrica, 19 (3): 273-292.

Debreu G. 1951. The coefficient of resource utilization. Econometrica, 19: 273-292.

Demsetz H. 1973. Industry structure, market rivalry, and public policy. Journal of Law and Economics, 16 (1): 1-9.

Efron B. 1979. Bootstrap methods: another look at the Jacknife. Annals of Statistics, 7: 1-26.

Enos J L. 1962. Invention and innovation in the petroleum refining industry//National Bureau Committee for Economic Research and the Committee on Economic Growth of the Social Science Research Council. The Rate and Direction of Inventive Activity: Economic and Social Factors, A Conference of the Universities. Princeton: Princeton University Press: 299-321.

Fare R, Grosskopf S, Lindgren B, et al. 1992. Productivity changes in Swedish pharmacies 1980-1989: a non-parametric Malmquist approach. Journal of Productivity Analysis, 3: 85-102.

Fare R, Grosskopf S, Logan J. 1983. The relative efficiency of Illinois electric utilities. Resources and Energy, 5: 349-367.

Fare R, Grosskopf S, Lovell C. 1985. The Measurement of Efficiency of Production. Boston: Kluwer-Nijh Publishers.

Fare R, Grosskopf S, Lovell C. 1994. Production Frontiers. Cambridge: Cambridge University Press.

Fare R, Grosskopf S, Norris M, et al. 1994. Productivity growth, technical progress and efficiency changes in industrialised countries. American Economic Review, 84: 66-83.

Fare R, Grosskopf S, Norris, M. 1997. Productivity growth, technical progress, and efficiency change in industrialized countries: reply. American Economic Review, American Economic Association, 87 (5): 1040-1043.

Farrell M J. 1957. The measurement of productive efficiency. Journal of The Royal Statistical Society, Series A, 120 (3): 253-281.

Ferrier G D, Hirschberg J D. 1997. Bootstrapping confidence intervals for linear programming efficiency scores: with an illustration using Italian banking data. Journal of Productivity Analysis, 8: 19-33.

Forstner H, Isaksson A. 2002. Productivity, technology and efficiency: a two-sector assessment of change across developed and developing countries. SIN Working Paper No. 8, Vienna: UNIDO.

Freeman C. 1982. The Economics of Industrial Innovation. 2nd ed. London: Frances Pinter.

Fried L S, et al. 2002, Accounting for environmental effects and statistical noise in data envelopment analysis. Journal of Productivity Analysis, 17: 121-136.

Gaimon C, Morton A. 2005. Investment in facility changeover flexibility for early entry into high-tech markets. Production and Operations Management, 14 (2): 159-174.

Galbraith J K. 1957. The New Industrial State. Boston: Houghton Mifflin.

Gilder G. 1988. The revitalization of everything: the law of the microcosm. Harvard Business Review, 66 (2): 49-61.

Goto A, Suzuki K. 1989. R&D capital, rate of return on R&D investment and spillover of R&D in Japanese manufacturing industries. Review of Economics and Statistics, (4): 555-564.

Grabowsiki H G, Baxter N D. 1973. Rivalry in industrial research and development. The Journal of Industrial Economics, 21 (2): 209-235.

Grabowski H G, Baxter N D. 1973. Rivalry in industrial research and development: an empirical study. The Journal of Industrial Economics, 21 (3): 209-235.

Greene W H. 1990. A Gamma-distributed stochastic frontier model. Journal of Econometrics, 46: 141-163.

Greene W. 1980. Maximum likelihood estimation of econometric frontier functions. Journal of Econometrics, 13: 27-56.

Griliches Z. 1990. Patents statistics as economic indicators: a survey. Journal of Economic Literature, 28 (4): 1661-1707.

Guan J C, Gao X. 2009. Exploring the H-index at patent level. Journal of the American Society for Information Science and Technology, 60 (1): 35-40.

Haag S, Jaska P, Semple J. 1992. Assessing the relative efficiency of agricultural production units in the black land prairie, Texas. Applied Economics, 24 (5): 55-65.

Heshmati A, Mmulugeta Y. 1996. Technical efficiency of the Uganda mattock farms. Applied Economic Letters, 13: 27-57.

Islam N. 1995. Growth empirics: a panel data approach. Quarterly Journal of Economics, 110 (4): 1127-1170.

Jondrow J, Lovell C, Materov I, et al. 1982. On the estimation of technical inefficiency in the stochastic frontier production function model. Journal of Econometrics, 19: 233-238.

Kamien M I, Schwartz N L. 1982. Market Structure and Innovation. Cambridge: Cambridge University Press.

Kniep A, Simar L, Wilson P. 2003. Asymptotics for DEA estimators in non-parametric frontier models. IAP Technical Report 0323: 27-29, Belgium.

Koopmans T C. 1951. An Analysis of Production as an Efficient Combination of Activities// Koopmans T C. Activity Analysis of Production and Allocation, Cowles Commission for Research in Economics, Monograph No. 13. New York: Wiley: 177-189.

Kopp R, Diewert W. 1982. The decomposition of frontier cost function deviations into measures of technical and allocative efficiency. Journal of Econometrics, 19: 319-332.

Krasachat W. 2004. Productivity growth in Thai agriculture: regional comparisons. Empirical Economics Letters, forthcoming.

Krugman P. 1987. The narrow moving band, the dutch disease, and the competitive consequences of Mrs Thatcher: notes on trade in the presence of dynamic scale economies. Journal of Development Economics, 22 (1): 41-55.

Lau K, Brada J. 1990. Technological progress and technical efficiency in Chinese industrial growth: a frontier production function approach. China Economic Review, 1, 113-121.

Lee J. 2008. Application of the three-stage DEA in measuring efficiency: an empirical evidence. Applied Economics Letters, 15: 49-52.

Lee L R. 1993. Asymptotic distribution for the maximum likelihood estimator for a stochastic frontier function model with a singular information matrix. Econometric Theory, 9: 413-430.

Leibenstein H. 1966. Allocative efficiency vs. "X-efficiency". American Economic Review, 56: 392-415.

Lerner J. 1998. The government as venture capitalist：the long-run impact of the SBIR program. Working Paper，Harvard University.

Levin R C，Cohen W M，Mowery D C. 1985. R&D appropriability，opportunity，and market structure：new evidence on some schumpeterian hypotheses. American Economic Review Proceedings，75：20-24.

Liu X H，Buck，T. 2007. Innovation performance and channels for international technology spillovers：evidence from chinese high-tech industries. Research Policy，36（3）：355-366.

Lucas R E. 1988. On the mechanics of economic development. Journal of Monetary Economics，22：3-42.

Malmquist S. 1953. Index numbers and indifference surfaces. Trabajos de Estatistica，4：209-242.

Mankiw G，Romer D，Weil D. 1992. A contribution to the empirics of economic growth. Quarterly Journal of Economics，107（2）：407-437.

Mansfield E. 1968. Industrial Research and Technological Innovation：An Econometric Analysis. New York：Norton.

March-Chorda I，Yague-Perales R M. 1999. A new tool to classifying new technolog—based firm prospects and expectations. Journal of High Technology Management Research，10（2）：347-376.

Mason E S. 1939. Price and production policies of large-scale enterprise. American Economic Review，29（1）：61-74.

Meeusen W，van den Broeck J. 1977. Efficiency estimation from Cobb-Douglas production functions with composed error. International Economic Review，18：435-444.

Myers S，Marquis D G. 1969. Successful industrial innovations：a study of factors underlying innovation in selected firms. NSF report N. 69-17，National Science Foundation，Washington，DC.

Neelankavil J P，Alaganar V T. 2003. Strategic resource commitment of high-technology firms：an international comparison. Journal of Business Research，6：493-502.

Nelson R R. 1959. The economics of invention：a survey of the literature. The Journal of Business，32（2）：101-127.

Nicholas K. 1939. Welfare propositions in economics and interpersonal comparisons of utility. Economic Journal，49（145）：549-552.

Nishimizu M，Page J M，1982. Total Factor Productivity Growth，Technological Progress and Technical Efficiency Change：Dimensions of Productivity Change in Yugoslavia，1965-1978. Economic Journal，9（368）：920-936.

Odeck J. 2009. Statistical precision of DEA and Malmquist indices：a Bootstrap application to Norwegian grain producers. Omega，37：1007-1017.

Patricial E B，Hosted S. 1989. Patterns and determinants of productive in state manufacturing. Journal of Regional Science，(1)：15-28.

Pavitt K，Robson M，Townsend J. 1987. The size distribution of innovating firms in the UK：1945-1983. Journal of Industrial Economics，35 (3)：297-316.

Phillips A. 1966. Patents，potential competition and technical progress. American Economic Review，56：301-310.

Punter T，Krikhaa R L，Bril R J. 2009. Software engineering technology innovation-turning research results into industrial success. The Journal of Systems and Software，82：993-1003.

Raab R A，Kotamraju P. 2006. The efficiency of the high-tech economy：conventional development index versus a performance index. Journal of Regional Science，46 (3)：545-562.

Richmond J. 1974. Estimating the efficiency of production. International Economic Review，15：515-521.

Romijn H，Albu M. 2002. Innovation，networking and proximity：lessons from small high technology firms in the UK. Regional Studies，36 (1)：81-86.

Rosenzweig E D，Roth A V. 2004. Towards a theory of competitive progression：evidence from high-tech manufacturing. Production and Operations Management Society，13 (4)：354-368.

Rothwell R，Dodgson M. 1994. Innovation and size of firm//Dodgson M，Rothwell R. The Handbook of Industrial Innovation. Aldershot Hants：Edward Elgar.

Scherer F M. 1967. Market structure and the employment of scientists and engineers. American Economic Review，57 (3)：524-531.

Scherer F M. 1970. Industrial Market Structure and Economic Performance. Chicago：Rand-McNally.

Schmidt P，Lovell C A K. 1980. Estimating stochastic production and cost frontiers when technical and allocative inefficiency are correlated. Journal of Econometrics，13，83-100.

Schumpeter J A. 1942. Capitalism，Socialism and Democracy. New York：Harper and Row.

Schumpeter J. 1943. Capitalism，Socialism and Democracy. London：George.

Sena V. 2002. Total factor productivity and the spillover hypothesis：some new evidence. International Journal of Production Economics，92 (1)：31-42.

Shephard R W. 1953. Cost and Production Functions. Princeton：Princeton University Press.

Shephard R W. 1970. The Theory of Cost and Production Functions. Princeton：Princeton University Press.

Shrieves R E. 1978. Market structure and innovation：a new perspective. Journal of Industrial Economics，26：329-347.

Simar L，Wilson P. 1998. Sensitivity analysis of efficiency scores：how to bootstrap in non-parametric frontier models. Management Science，44 (1)：49-61.

Simar L, Wilson P. 1999. Estimating and Bootstrapping Malmquist indices. European Journal of Operational Research, 115: 459-471.

Simar L, Wilson P. 2000. Statistical Inference in nonparametric frontier models: the state of the art. Journal of Productivity Analysis, 13 (1): 49-78.

Solo C S. 1951. Innovation in the capitalist process: a critique of the schumpeterian theory. Quarterly Journal of Economics, 65 (3): 417-428.

Stevenson R E. 1980. Likelihood functions for generalized stochastic frontier estimation. Journal of Econometrics, 13 (1): 57-66.

Stevenson R E. 1980. Likelihood functions for generalized stochastic frontier estimation. Journal of Econometrics, 13: 57-66.

Storto C. 2006. A method based on patent analysis for the investigation of technological innovation strategies: the European medical prostheses industry. Technovation, 26: 932-942.

Theofanis P M. 1999. Spillovers from publicly financed R&D capital in high-tech industries. International Journal of Industrial Organization, 17: 215-239.

Tortosa-Ausina E, Grifell-Tatje E, Armero C, et al. 2008. Sensitivity analysis of efficiency and Malmquist productivity indices: an application to Spanish savings banks. European Journal of Operational Research, 184: 1062-1084.

Utterback J M. 1979. The dynamics of product and process innovation in industry// Christopher T H, Utterback J M. Technological Innovation for a Dynamic Economy. Oxford: Pergamon Press, 40-65.

Varian H. 1984. The nonparametric approach to production analysis. Econometrica, 52 (3): 579-598.

Villard H H. 1958. Competition, oligopoly and research. The Journal of Political Economy, 66 (6): 483-497.

Wei Q L, Yu G. 1997. Analyzing the properties of K-cone in generalized data envelopment analysis model. Journal of Econometrics, (80): 63-84.

Yin X K, Zuscovitch E. 1998. Is firm size conductive to R&D choice? A strategic analysis of product and process innovations. Journal of Economic Behavior & Organization, 35: 243-262.

Yu G, Wei Q L, Brockett P. 1996. A generalized data envelopment analysis model. Annals of Operations Research, (66): 47-89.